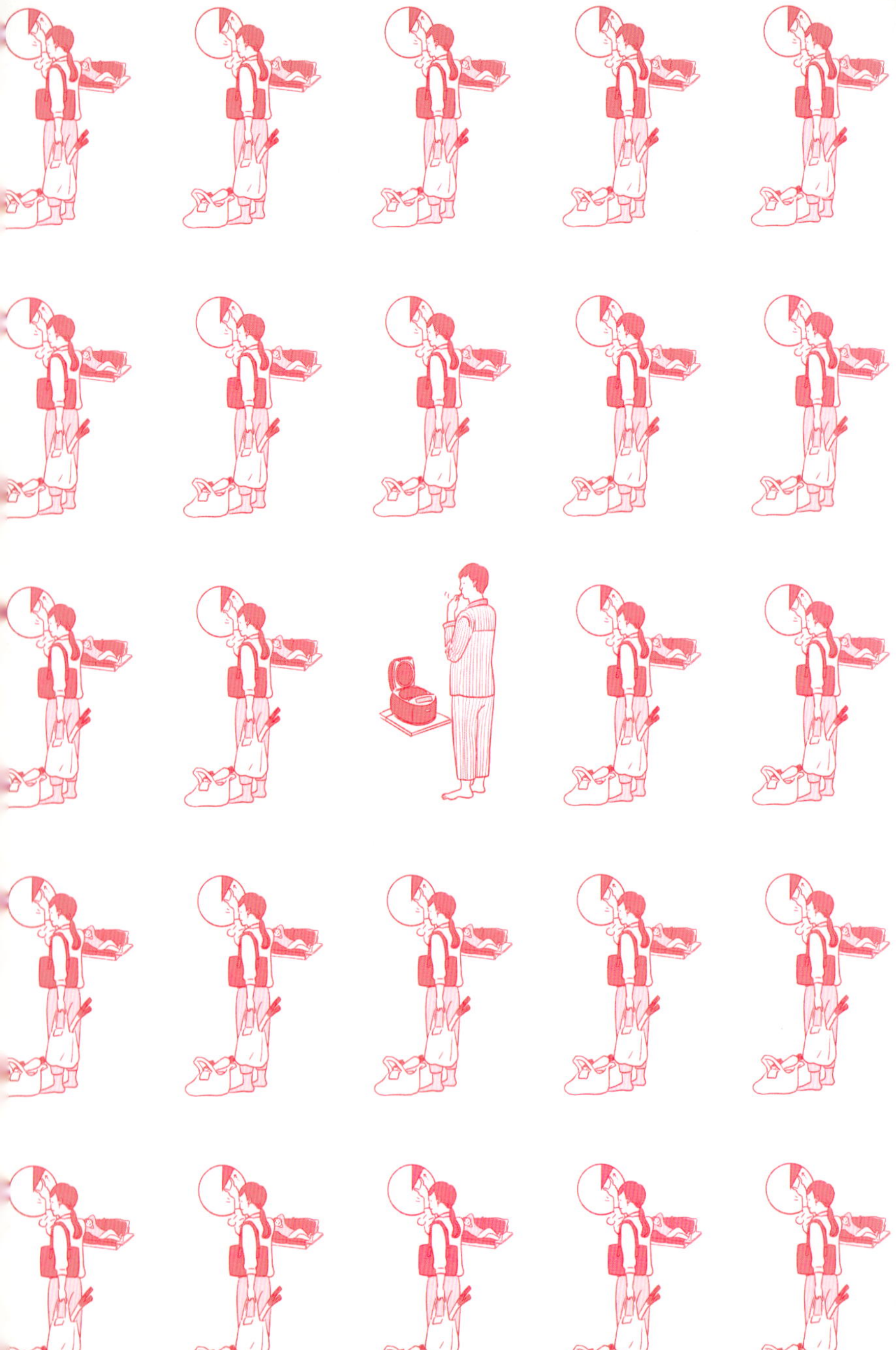

キレイごとじゃ
まわらない

家事のワンオペ脱出術

つかえる
セリフが
満載

佐光紀子

X-Knowledge

家事の何割、
あなたですか？

夫いわく「3割」。

妻いわく、それは「1割」。

※大和ハウス工業株式会社「共働き夫婦の「家事」に関する意識調査（2017年4月）

前のページの二人の言葉、どうでしょう？
日本では、働く母親の割合が2017年に初めて7割を超えました。
それでもなお、家事がずっしり
女性の肩にのしかかっている状況は変わりません。

テレビや雑誌では、家事の手抜きアイデアが飛び交い、
「今は家電も発達しているんだから、
昔に比べて家事はずいぶんラクなはず」
などという意見もありますが、
ちっともラクになったという実感がないのはなぜでしょう。

いろいろ試しても事態が変わらないのなら、
もう、テクニックで大変さを取り除くのは

限界なのかもしれません。
それならいっそ、家事へのこだわりを見直してはどうでしょう？
私がやらなきゃ。ちゃんと。きちんと。今日中に。
そんな思い込みやこだわりから離れることは、
家事のワンオペ地獄から抜け出す
第一歩になるはずです。

結局のところ
家事は、私を含めた家族全員が快適に暮らすためのもの。
外野にだらしないと言われても、手抜きだと言われても、
家族がＯＫで笑顔なら、それで十分。

この本では、その一歩を踏み出すヒントを、
５つのキーワードから提案します。

Contents

Column
ニッポンのデータ

第1章 料理・食器洗いのワンオペをなくす

パンツとふきんが…

第2章 片付け・掃除のワンオペをなくす

第3章

洗濯・アイロンのワンオペをなくす

第4章 情報共有のワンオペをなくす

注
・本書内容は2019年2月現在の情報です。
商品やサービスの最新情報については、公式HPなどでご確認ください。

Staff

装丁・デザイン　TYPEFACE(AD:渡邊民人・D:谷関笑子)
イラスト　くぼあやこ
DTP　竹下隆雄(TKクリエイト)
印刷　シナノ書籍印刷

キーワード 1

キーワードはこの5つです

上手に分担

職場でもチームプレイが大事なように、家でも誰かが大変だったら手を貸す、借りる。休む人がいれば、誰かが、代打に出ることが大事です。この本では家事を上手に分担するコツや話し方を紹介します。

キーワード

2

自分のことは自分で

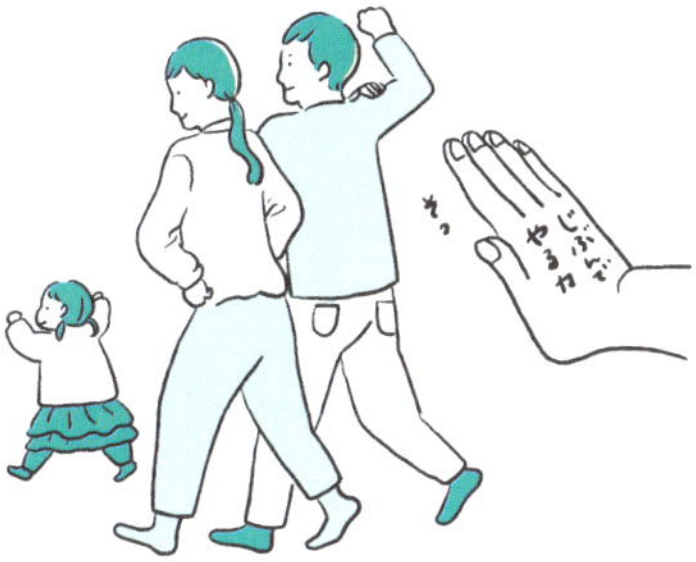

なんでもやってあげるのがいい妻、いい母ではありません。赤ちゃんだって、いつか自分で立って歩くようにならなければ困ります。

家事も、愛情のバロメーターではありません。手の出しすぎは逆効果。家族それぞれが自分のことを自分でできるようにするために、上手に境界線を引きましょう。

キーワード

3

簡単な方法に変える

自分だけができる難しい方法だと、家事は分担することも、各自にしてもらうことも難しくなります。

こだわりを減らし、シンプルな方法にすることで、他のメンバーが手を出しやすくなることはよくあります。

キーワード

4

「やらない」をつくる

家事は何でも得意！　なんていう人はいないでしょう？　だからできないことはできない、つらいことはつらいと家族に伝えていいのです。できないと、やらないと……そう思い込みすぎず、無理なことはやらない、という選択肢をつくってみます。

キーワード

5

機械化や外注も取り入れる

家事の大変さは、人生のステージによって変わります。仕事が忙しくて洗濯まで手がまわらない、小さい子を抱っこしての調理は無理。そんな大変な数週間、数ヶ月を乗り切るためと割り切って機械化したり、外注化するのも一案です。同時に、元に戻す選択肢もあると認識し、溺れる前に藁をつかんで一息つきましょう。

家事は自分も含めた家族みんながご機嫌に暮らすための作業です。
「こんなこと言ったら喧嘩になるかも」と我慢して黙りこんでしまったり、
口を開いたら相手を罵倒しそうになったり、
「もう、話もしたくない！」と思ったりすることもありますが、
話すのを諦めたら先に進まないのが家族との暮らしです。

この本では、そんな時に「使えるセリフ」をすべてのページに付けました。
「もう、ダメ！」という時は、心を無にして、
まずここを棒読みするだけでも効果があるかもしれません。
そしてちょっと気持ちが収まったら、少し穏やかに読んでみてくださいね。
家事の話を家族と気軽に話せるようになると、
きっと、家族はいいやつばかりだと気がついたり、
気分よく家事が進むようになったりするはずです。

この本の使い方

❶ここのフレーズに共感したら……

❷こんなふうにしてみては（解決案）

❸とりあえずこのセリフを棒読みするのもアリ

❹解決案の種類はここでチェックできます
（自分や家族が、好き／得意な種類なら、意外と実現できるかも！）

第0章

心を軽くする はじめの10歩 （プラス2歩）

気づかれないけど疲れる家事は多いです

どの家事も面倒。

だから、分担しよう

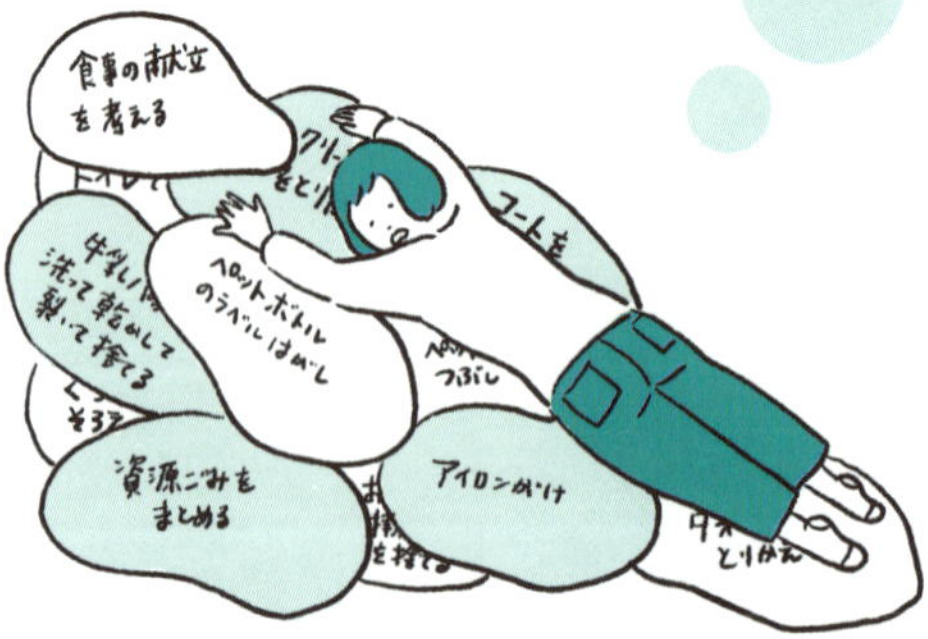

つかえるセリフ
「チリも積もれば、山だから」

床掃除といわれて掃除機を連想する人と、掃除機からゴミ捨てまでを考える人がいたとします。前者は、掃除機の吸いが悪くなると怒ったりしますが、それはいつも別の家族がゴミパックを替えているのを知らないから。**家事には準備も後始末もあり、必ず誰かがするから家がまわっているのです。**

「それは面倒」「したくない」と言うのなら、家事代行を外注して費用を等分してはどうでしょう。誰かに面倒なことを押しつけない。**家族全員がハッピーに暮らす**って、そういうことじゃないかしら。

極端な発想のようですが、大事なのは、面倒だからやらないということは、**他の家族がそれをしている**ということ、そして**それを外注するには対価が必要**だと認識してもらうこと。そこから、外注しない解決策が生まれれば、それがベストだと思います。

〝手伝ってもらう〟準備も必要？

分担放棄？
じゃあいっそ
私も放棄してみるか

つかえるセリフ

「忘れてた？　私も気づかなかったわ」

たとえばゴミ捨て係の夫。収集場所へ出すことはしても、分別や袋のかけ替えはしてくれないという話、よく聞きます。地味な作業ほどたいしたことないと誤解され、「それくらい手伝って」が続くと結局ラクになりません。

だから、「ゴミ袋をかけ替えるところまでしてね」と何度か伝えても知らん顔なら、今度はゴミ袋がかかっていなくても、そのままゴミを捨ててみるのはどうでしょう。「なんで袋に捨てないんだよ！」と言われたら、「あ、気がつかなかった」と一言。**大事なのは、そこで謝ったり、袋を出してあげたりしないこと。**やるべき人が「誰か」をあてにした結果を見せ、尻拭いをしてもらえないとどうなるか体験してもらうのです。

とはいえ、単に忘れることは誰にでもありえます。「お互い様だよね」というスタンスで、**責めずに、穏やかにいきましょう。**

このくらい、言わなくてもわかってよ

「やってほしい」こそ脱・以心伝心

つかえるセリフ
「これ使ったの、私だっけ？」

出しっぱなしのボールペン。空っぽの牛乳パック。「言われなくても片付けてよ」は、日々の暮らしでよく出てくる言葉です。でも、**あうんの呼吸や以心伝心なんて、残念ながらファンタジー**。やってくれる人がいれば、「自分がやらなくてもOK」だと思う人もいるのが家族。そして結局、引き受けるのは「私」だという理不尽な現実。

　でも、「あなたが担当でしょ」「あなたが使ったのよ！」と**相手を主語にして話すと責めているように聞こえがち**です。相手もムっとして気持ちよく動いてくれません。そこで、「牛乳パック、空だけど、これ私が飲んだっけ？」「私このペン使った？」と、**自分を主語にしてとぼけた感じで問いかけ**、やんわり、「あなたのしごとだよ」と思い出してもらう。カウンセリングの本で出会ったマル秘テクです。

家族みんなの健康管理は妻（母）の責任？

健康は食事だけでは守れません（他にも色々あるでしょ）

つかえるセリフ
「食べたいもの別なら、料理もそれぞれでいいかなぁ」

ＷＨＯ（世界保健機構）によると、健康とは、肉体的、精神的、社会的によい状態のことを指すそうです。健康でいるためには、栄養、運動、休養が大事。つまり、質のよい睡眠や適度な運動、ストレス管理などいろいろな要素があるわけで、逆に言えば**ヘルシーな料理だけで守れる健康には限度がある**ということです。

だから、料理を作る人が「家族全員の健康を食事で守る」なんて、**そんな責任を感じなくてもいい**のではないでしょうか。むしろ、「お昼に麺が続いたから、夕飯お肉にしてくれる？」と、各人が家以外での自分の食生活を考えて献立を提案してみたり、「ゆうべ食べ過ぎたから、僕は今夜サラダにする」と自分の分は別に準備したりと、コントロールできるようになるといいなぁと思います。

「アレどこ?」って一日何回聞かれてる?

人に罪ナシ 物にアリ

つかえるデータ
奥行き約30㎝の収納で質問激減

普通の食器棚は奥行きが40〜45㎝。手前と奥、2列に物が入りますが、奥の物は見えにくい。家族に出し入れを頼むと、「どこに置いたの?」「しまうの、ここ?」とあれこれ聞かれ、ついつい**「私がやったほうが早い」というワンオペのドツボにはまりがち**です。

　こんなふうに、やる気はあっても道具が適切でないために家事がうまくまわっていないことはしばしば。片付けに関してはとくに、コミュニケーション以前に、**収納を見直すとこれを解決できたり**もします。

　たとえばわが家は、棚を奥行き30㎝の浅いタイプに替えました。実は台所のアイテム、直径30㎝以下がほとんど。食器、鍋類、調理器具もこれなら**一列に並べられ**、「小皿を出して」と誰に頼んでも**迷わないし**、テキトウにしまわれる事態も激減しました。

何品も作る時間がありません①

二段鍋で調理時間を2倍速

つかえるセリフ

「誰が使っても２品できる！」

1段目
肉や魚、
野菜を蒸す
2段目
水に、干し野菜や春
雨を入れておくと上
の段から旨味が落ち
てスープになる

食事の基本は一汁一菜と、料理研究家の土井善晴さん。具沢山の汁物があれば、おかずはちょっとでも不思議と整った食卓な感じがしますし、満腹感もアップします。とはいえ、**そのひと鍋が手間なので、愛用しているのが二段調理できる鍋。**1階が鍋、2階が蒸し器の設計で、汁物とおかずが同時に作れ、基本的には材料を入れたら上下階とも放っておくだけ、ラクちんです。コンロもあちこち汚れません。

上で肉や魚を蒸すと、その汁が下に落ちておいしい出汁になります。下には水に干し野菜や春雨を入れ、仕上げに溶き卵とごま油、塩胡椒すれば、即席中華スープの出来上がり。魚を蒸すとスープはあっさり味の和風。白菜と肉で蒸し豚やチーズのミルフィーユ仕立てを作れば、コクのあるスープに。わかめや貝を入れてもおいしくできますよ。

もう、ごはんのこと、考えたくない！

料理を休む日、つくりましょう

つかえるセリフ
「今日はごはん作るの、お休みしま～す」

「今日はママをお休み」と一日シッターさんにお願いして、お連れ合いと出かけ、息抜きしている知人がいました。海外出張に追われるスーパーママはリフレッシュも上手です。

こんなふうに**月に1回くらい、「料理お休み」の日があってもいい**のでは。夕飯だけもありですが、丸一日ごはんから離れるのも一案。コーヒーや牛乳だけの朝ごはん。誰かがごはんを炊いてくれればみんなでお茶漬け、休日なら散歩がてら外食もあり。

大切なのは、「日頃の私の苦労をわからせる」ことではなく、食べさせなくちゃ、洗わなくちゃという**プレッシャーから解放されて、一息つくこと**。やってもらって当然と思っている人に苦労を訴えても残念ながら伝わらないし、ましてや「こんなに手伝っているのに」と思っている人が相手だと「何が不足なんだ」と逆効果が生まれがちなのです。

重要すぎて、管理の責任、負いきれない

貴重品管理は家族よりもプロに任せる

つかえるデータ
月800～2,000円程度で預けられる

みずほ銀行（東京営業部）	
半自動式	¥29,160
川崎信用金庫	
有人・半自動	¥9,720
自動式	¥14,040
東京東信用金庫	
手動式	¥12,960
半自動式	¥16,848
自動式	¥20,736
三井住友銀行	
全自動式	¥14,580 ※6ヶ月

※10,000～15,000㎤（9.7×26×45㎝目安）の貸金庫料金例／年

家やマンションの権利証、火災保険や生命保険の証書など、大事な物の管理を妻一人で追うのは責任が重すぎます。でも、家族全員に分散すればいいという物でもなし。そういう時は、金融機関の貸金庫が便利。**大事な物の管理を外注し、誰もしないという選択**です。

利用するには、その金融機関に口座を持っていることが前提ですが、平日閉店後や土日対応可の店舗も増えているので、使い勝手はそこまで悪くはありません。重要な物、高価な物こそ、価値を守るプロにお任せするのも一案です。

ただし、遺言状を預け入れたまま当人が亡くなってしまうと、金庫が凍結されて出せなくなるなどの注意点も。詳細は、各機関に確認し、家の中での負担を軽くしたり安心を得たりするために、どれくらいのコストならかけてもいいか検討してみてはどうでしょう。

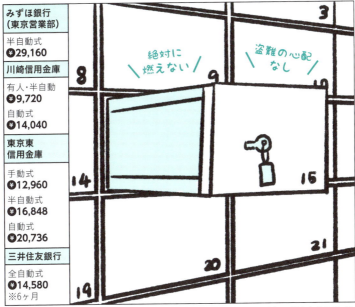

電気のつけっぱなしにイライラ……

注意一生
自動化一瞬

つかえるセリフ

「怒るのも疲れるから、機械に頼むね」

玄関や階段の電気のつけっぱなし、気になりますね。「使わない時は消して」と何度言っても消さない家族にはだんだんイライラ。実際、つけっぱなしでも本人には何も不都合がないので、習慣づけるのはひと苦労。となると、「他人がつけっぱなしにした電気を消す」という**名もなき家事は延々と続きます。**

そんな時は、**人を変えるのは諦めて、設備を変えてみて**はどうでしょう。人感センサー付きのライトを導入すると、電気の消し忘れ問題は一気に解決します。付け替えは初めてでも簡単にできますよ。

玄関はとくに、防犯にも役立つのでお薦めです。電球型のほかシーリングライトや足下灯、置くタイプの照明なども手頃な価格帯で様々な種類がそろっています。それだけで**人生のストレスがひとつ減りますよ。**

あったらみんな、ラクかなぁ？

家電選びは
参加型

つかえるセリフ
「○○買おうと思うんだけど、どう？」

家電の買い換え・買い足しは、家族と一緒に家事を見直す良いチャンスです。**選ぶ段階で意見を聞くと、**お互いからいろいろなアイデアが出たり、ネットで検索したりと**家事の仕方を話すきっかけにもなります。**

わが家の例をあげるなら、電気ポット。満場一致で2ℓ近い大型を選んだところ、「カップ麺に便利」「パスタを茹でるお湯をすぐ沸かせる」ととくに男性から大好評で、自炊しやすい環境に貢献できました。

逆に、自分では家事がラク&楽しくなると思ったのに一蹴された家電もあります。たとえばホームベーカリーは、「朝食のパンは焼きたてでなくてもいいよ」「そのお金があったら、新しい掃除機買ってほしい」など、ほぼ全員から却下されました。**家族は思いのほか、お互いを客観的に見ている**ものですね。

や、や、やってくれている……

「ありがとう」で
やってくれたの
気づいてるよ、と伝えよう

つかえるセリフ
「ありがとう」

食後のお皿を下げる、床に落ちているゴミを拾う。そんなの当たり前でしょ！　と思うかもしれませんが、**「やってくれたの、気がついてるよ」と伝えるために、**ひとこと言いましょう。「ありがとう」。

家族みんなが自分で使った物を自分で片付けたり、必要な物を準備したりするようになれば、**家事のワンオペはグンと減ります。**でも、それと同じくらい大事なのが、他のメンバーのためにちょっと動くこと。誰かが引いた椅子を戻す、誰かが使ったリモコンを戻す。小さなことですが、そういった**思いやりの積み重ねが、ワンオペをなくす大きなカギ。**

それを促すのが、「気がついたよ！」を伝える**「ありがとう」**。お礼やねぎらいは促進剤。言われ慣れると、自然にみんなの口からも「ありがとう」が出てくるようになりますよ。

これは、もう終わっているのかな??

完了！の合図で
気持ちよくまわす

つかえるセリフ
「やっといてくれてありがとー！」

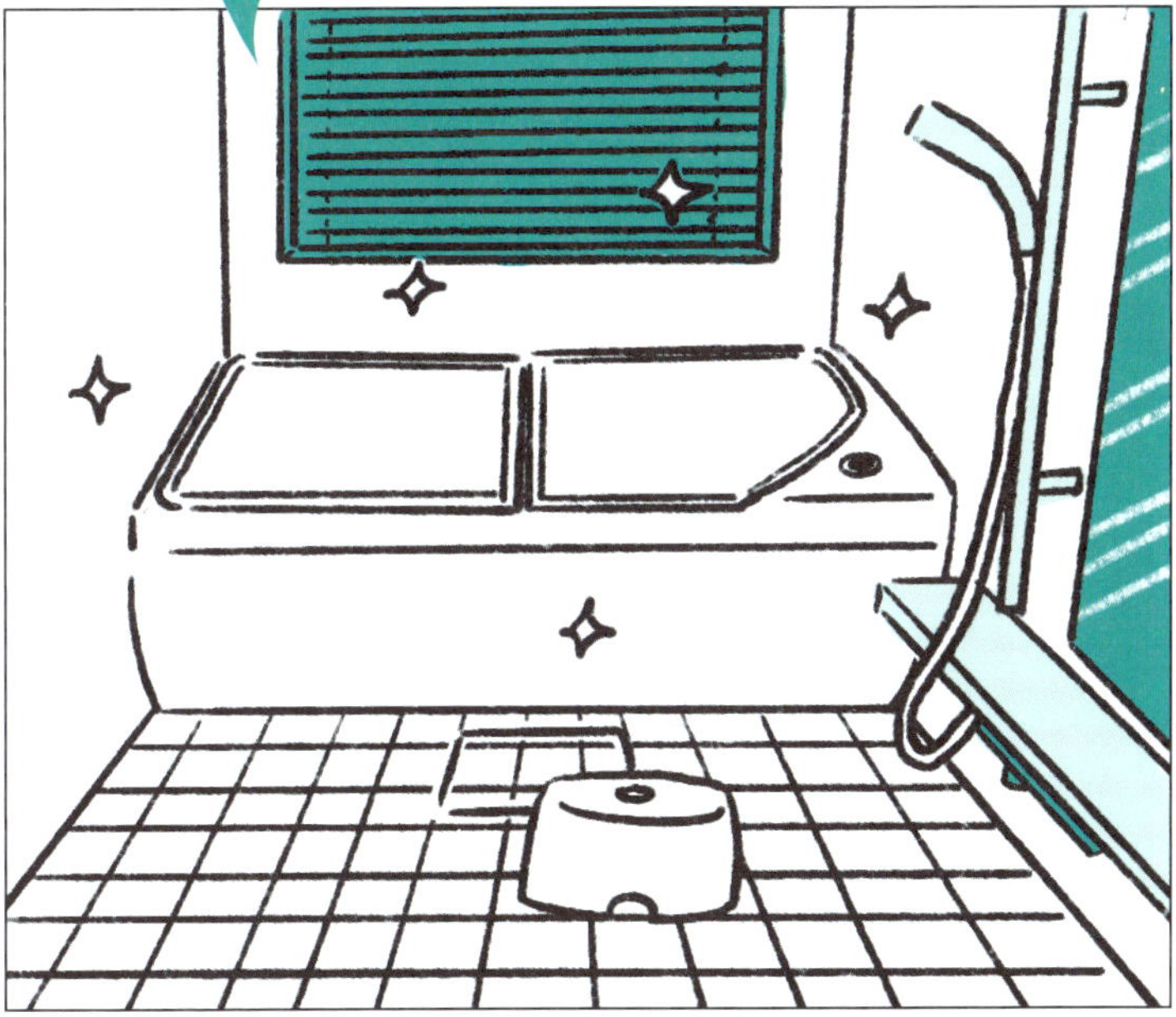

みんなが家事参加するようになると、いつやるか、どうやるかはそれぞれにだんだん任せられるようになります。その一方、作業が終わっているかどうかわかりにくいこともあるので、**完了の合図を決めておくと、コミュニケーションがスムーズに。**

ポイントは、**①誰にでもわかり、②簡単**であること。たとえば「お風呂掃除完了」の合図は、「バスタブにフタをする」くらいの単純作業が◎。掃除前はフタが開いているけれど、終わったら閉まっているから一目瞭然。いちいちバスタブ内を触って確認する必要もないので、二度洗いする事故も防げます。

こうした完了合図のように、**家事に関するルールや感覚は、家族間でさえ通じれば本来、十分。**どうするのがみんなにわかりやすいか、家族の意見を聞きながら、わが家にとってベストな方法を見つけましょう。

年収の低いほうが家事を多くやるのは当然？

厚生労働省が2018年2月28日に発表した【平成29年賃金構造基本統計調査（全国）結果の概況】によると、正社員の場合、**男性の平均賃金は348万4千円。これに対して女性の平均賃金は、その約3／4**に相当する236万6千円。**非正規の女性**の平均賃金をみると189万7千円で、男性正社員の平均の**半分強**と、基本賃金が大きく違います。そして、子育て世代の25〜50才の場合、男性はいちばん低い23〜29才の層でも83%が、45〜49才の層では93%が正社員です。一方の女性はというと、25〜29才で66・3%だった正社員は、年を追ってじりじりと減り、45〜49才では58%が非正規社員です。

この裏には、**結婚後の女性を、景気がよくなると雇い、悪くなったら解雇する、労働需給調整のためのバッファー（緩衝材）として使ってきた**歴史があります。言ってみれば使い捨て。必要な時だけ、時間給で安く雇う労働力です。景気が悪くなったらパートを解雇することで、正社員の雇用を守ってきたのです。長らく日本の女性、とくに結婚・出産後の女性で正社員は少数派でした。この段階で、男＝正社員（給料がよくて守られる存在）、女＝非正規（使い捨てで、給料が安い）という構図ができあがってしまったのでしょう。

こうした歴史的背景を考えると、家庭内で**妻と夫の年収に差があるのは、**夫に能力があるからというよりは、**正社員として男性の雇用が守られるように日本の社会ができているから**と考えるのが筋でしょう。給与体系が男性優位にできているうえに、育児休暇の取得はほぼ女性です。1年間育児休暇を取れるのはいいことのようですが、1年間休職したら、男性でも同期と給与や昇進に差はでないでしょうか？　それが、2年、3年となったら、キャリアにどう影響するでしょうか？

女性の多くは、意識する・しないに関わらず、その**リスクを冒して育児休暇を取ります。**その段階で、**キャリアという意味では夫を優先するという選択を夫婦でしている**わけで、妻が育児休暇を取った時点で**夫婦の給与差が拡大するのは明らか**です。妻が自分のキャリアを犠牲にして、体を張って出産と育児を担当したおかげで、夫は妻より多く稼ぐことができるようになるわけですね。もし、出産で妻が家庭に入ったとすれば、ますますこの状況は明らかでしょう。**妻の犠牲なくして、夫のキャリアは守れなかったし、妻が出産よりキャリアを優先していたら、子どもは生まれなかったかもしれません。**

そう考えると、自分は、妻のおかげでキャリアを継続しつつ父親にもなれたのに、「お前の年収の方が低いから家事はお前だ」っていうのは、後出しじゃんけんみたいな、なんとも身勝手な話に、私には見えます。

むしろ、**これだけ不利な条件でも、家計のため、自己実現のために、働く選択肢を選んだ妻を誇りに思って、支援してもらいたいですよね。**

家庭内で年収に差があるのは、正社員として男性の雇用が守られるように日本の社会ができているから

Data：厚生労働省　平成29年賃金構造基本統計調査（全国）結果の概況

第1章

料理・食器洗いのワンオペをなくす

今夜もごはん作る時間がない……

手料理は
愛の印じゃ
ありません

つかえるセリフ
「一緒に食べればおいしいね」

料理上手＝家事上手。愛情深く、良い妻は手料理が当然……というのは、ナンセンスではないでしょうか。一緒に暮らし始めてすぐは、料理を作っても作らなくてもラブラブなはずだし、慣れれば手際はよくなりますが、料理が上達したからといって愛情が深くなるわけではありません。**料理を作ることと愛情は、別物なのです。**

以前、ホームステイのお宅に着いた晩、「今日は僕が当番なんだ」とミスターがタイ料理をテイクアウトしてきてくれたことがありました。暖炉やテーブルに火が灯った頃にミセスが帰宅。作ることに時間をかける代わりに、一緒に食べ、話し、歓迎することに時間を使ってくれ、結果とても楽しい夜でした。手をかけた料理が悪いと言うつもりはありません。でも、**手作りじゃないからダメということも決してない**と思います。

とはいえやっぱり、手作りのほうが健康的？

外食上等！
作る人より内容が大事

つかえるセリフ
「ヘルシーなごはん、食べに行こ！」

外食は体に悪いといわれます。手作りのほうがおいしくてヘルシーで栄養抜群！……本当にそうでしょうか？

ヘルシーな食事のポイントは、栄養のバランス。**要は、何をどれくらい食べるかという話**で、手作りか外食かは、本来無関係なはずです。外食でも、バランスがよければＯＫ。逆に、手作りでもおにぎりだけでは、栄養は偏ってしまいます。偏ったら、それを補う物を食べるのも能力。外でも家でも同じです。

そう考えると〝外食上等〟です。すくなくとも、毎食すべてを手作りする必要はないでしょう。料理は愛情のバロメーターだと捉えられがちですが、**「手作りした昨日に比べて、外食した今日は愛情が減った」なんていうことはありません**から。

じゃあ食事は何のため？

食事＝コミュニケーションの場と割り切る

つかえるセリフ
「まずは、楽しく食べましょ！」

1日3食とるとして、自宅での食事はそのうち何回ですか？　働いていれば、朝食と夕食という人が多いでしょうか。では夕食は毎日自宅？　付き合いで飲みに行ったり、パパッと食べて帰ったりする日もあるのでは。朝はコーヒーだけだったり、土日は息抜きを兼ね外でという日もあるでしょう。そう考えると、**自炊はせいぜい1／3というところ**。

すべての食事が手料理なら、健康への影響もそれなりにあるかもしれません。でも1／3程度の回数なら、それだけで栄養バランスを取ろうとするのは、そもそも難題。であれば、**「食事はコミュニケーションの場」と割り切ってみてはどうでしょう**。出来合いのお惣菜もよし、味噌汁だけ気分よく作るもよし。もちろん作ってもらうもよし。ともかく、**気分よく食べることに力を注いでみる**。これも大いに健康に寄与すると思うのです。

買いものに行くヒマがありません

買いものナシでも しのぐ方法を もっておく

つかえるセリフ
「買いものに行く時間がな～い」

子どもが生まれた当初、毎日雨続きで買いものに行けず、家の中に食べ物がなくなってしまったことがありました。仕事帰りにスーパーに寄る気力もないまま帰宅したら、冷蔵庫が空だったという経験も数知れず。そんな経験も繰り返していれば、防御策を講じる知恵はつくものです。たとえば火曜配送と金曜配送**ふたつの生協に入れば**、食材が底をつくことはありません。お米や牛乳など重い食材の運搬からも解放されました。

最近は**ネットスーパーやインターネットの翌日配送**などもあります。それで当座必要な物を入手して、急場をしのぐ手も大ありです。買う物が決まっていれば、誰でも注文できるのもよいところ。**「ちょっと頼んでおいてくれる？」は、「買ってきて」より気軽に引き受けてもらえます。**

宅配サービスを使いこなす

おなじみの生協も、個世帯配送や指定日配達などができる地域が増えています。また町のスーパーも、「居住区市町村名」と「ネットスーパー」で検索すると、宅配の可否がわかります。

生協・自然食品宅配

例 コープデリ、Oisix、大地を守る会、らでぃっしゅぼーや

○ メリット

・有機食材、無農薬などこわだり食材も扱う
・保冷箱がある

× デメリット

・1〜2週間前の注文が一般的
・保冷箱などの保管場所が必要

生協2つ加入術

生協の配送は、週1回・決められた曜日というのが主流。2種類加入しておけば、週2回以上、鮮度のいいものが届きます。

スーパーの宅配サービス（ネットスーパー）

例 イトーヨーカドー、西友、東急ストア、アマゾン

○ メリット

・店によっては当日配送可
・「子育て割引」など独自のサービスがある店も

× デメリット

・配送が有料の場合も（一定金額以上は無料の店が多い）
・注文の締切時間が比較的早い
・保冷箱がない店もある

エリアごとに店舗や料金が載っている「ネットスーパーまとめガイド」というサイトも便利

ストック食材を使いこなす

乾物や冷凍など、保存がきく食材が何かしらあれば1日くらいはなんとかなります。手軽に自家製もできるので、すこし余裕のある時などに作っておくのも楽しいです。

乾物

例 干し野菜（しいたけ、人参、ねぎ、ごぼう、切り干し大根など）、春雨、ワカメ、キクラゲ、ひじき、高野豆腐、麸

簡単メニュー
- **麸と高野豆腐の卵とじ**
- **ひじきと乾燥キノコの炊き込みごはん**
- **キクラゲとトマト炒め**
- **春雨とワカメのスープ**

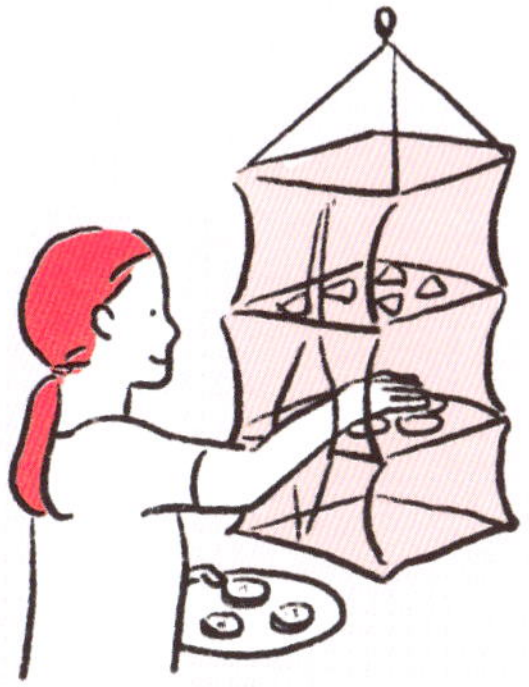

干し野菜の作り方

1. 野菜や果物をよく洗う。皮付きのままでOK
2. 乾きやすいよう薄切りに
3. 天日に干す。ざるに並べてもできるが、鳥害等を避けるにはネットがお薦め。最近では100円ショップで取り扱いのある店も

冷凍肉

例 バラ凍結の細切れの肉、挽肉

簡単メニュー
- **キムチと豚肉の炒め物（卵を加えても◎）**
- **白菜と豚肉のミルフィーユ**
- **豆腐の挽肉あんかけ**

挽肉の小分け冷凍法

1. 冷凍用の保存袋に入れ、口を開けたまま薄くのばす
2. 菜箸や包丁の背で、板チョコのように軽くスジをつけておく（使う時にパキンと割りやすい）
3. 空気を抜きながら口を閉じる。冷凍した日付を書き、保存の目安に

家族にも買いものしてほしい①

買いものの依頼には写真をつける

つかえるセリフ
「このほうがお互い伝わるね」

「ブロッコリーを頼んだらシロッコリーが届いたの」。友人がそう言って笑っていました。そう、娘さんがカリフラワーを買ってきちゃったのです。家族に買いものを頼むとこういうこともしばしば。ゆずがカボスに化けたり、ピーマンが唐辛子に変身したり。パスタやチーズ、キムチのように、品物としては同じでも、ブランドにこだわるものだと事態はさらに悪化。「わが家の定番ブランドを知っているのは実は自分だけ」と気づかされることも、珍しくはありません。

とはいえ**買いものした側は、せっかく買ってきたのに文句を言われてはたまりません**。「じゃあ自分で行けば」と言い返したくなるのも人情だから、行き違いを防ぐには、**写真を添えて頼むのがコツ**。初めて頼む物にはとくに、**視覚に訴えるとうまくいきます**。

家族にも買いものしてほしい②

買いものを任せるアイテムを決める

つかえるセリフ
「補充よろしく。ブランド、テイストはお任せで！」

買いもの分担したい物

コンスタントに使う物

- 牛乳
- 醤油
- 食器洗い用洗剤
- トイレットペーパー

あると安心な物

- 卵
- 納豆
- マヨネーズ

分担の決め方

○ お薦め例

- その物にこだわりがある人
- その物が好物の人
- よく使う人
- 買いもの好きの人
- 担当する家事に必要な物
（例：ゴミ出し係がゴミ袋、
お風呂を洗う人が風呂用洗剤）

× 結局どちらかに偏りがち

- 時間があるほうが買ってくる

　シリアルをカップに入れたら、牛乳が空。お刺身を出したのに、醤油がない。洗おうとしたら洗剤がない……。「品切れの悲劇」は台所で頻発します。しかも悲劇が起こると、切らせたのは私のせい、みたいな空気。**ストックを切らさないようにというプレッシャーは**、地味に**ストレス**になります。

　そこで、切れると困る物は、ないといちばん困る人、**いちばん文句を言う人に奉行を任せてみる**のはどうでしょう。たとえば毎朝シリアルを食べる息子は牛乳係。シリアルに牛乳をかけて、明日の分が足りなさそうなら、買ってくるのは彼のしごと、息子が牛乳奉行です。そうなると「なんだ、ないじゃないか」と文句を言われることもなくなり、気持ちがグンとラクに。豆腐奉行、マヨネーズ奉行、トイレットペーパー奉行、醤油奉行。他にもいろいろできそうです。

パパッと済ませたいから、いつも一人……
（つまり、ずーっと私の家事）

買いものに誘って未来の自分をラクにする

つかえるセリフ
「お散歩がてら、スーパー行かない？」

そうなんです、買いものって一人のほうが絶対早い。でもそれを続けていると、いつまでも買いもの担当は自分だし、郵便局だのクリーニングだのという立ち寄りしごとも結局自分ばかりのまま。一見効率的だけど、続けるとなかなか**這い上がれない「ひとり買いもの」という名の蟻地獄的習慣**です。

だからたとえば3回に1回、**未来の自分をラクにする投資だと思って、家族と買いものに行く**のはどうでしょう。遊びに行くほど余裕がない時は、お出かけ代わりに一緒に買いもの。コーヒーはこれ、オリーブオイルは……とわが家の定番や予算感を共有したり、新しい商品にトライしたりと買いものをコミュニケーションタイムにしてしまいましょう。この回数が多くなるほど、**「〇〇買ってきて」の大失敗は、確実に減っていきます。**

ごはんのこと、毎晩考えるの、疲れます

献立は考えないで聞く

つかえるセリフ
「豆腐と挽肉があるけど、何食べたい？」

今夜のおかずを考えるって、毎日だと大しごと。もう嫌だ～！　と思う人もいるのでは？　しかも一生懸命考えて作ったのに、「え～」とか「お昼とかぶった」なんて言われた日には……。

だからこれからはいっそ、一人で考えるのをやめましょう！　そう、**家族に考えてもらうのです**。ただし、「何が食べたい？」と聞いたところで「何でもいい」と言われる可能性は大。それを回避するには、**今ある材料を伝えるのがコツ**です。たとえば、「挽肉と豆腐、あとキャベツもある。何が食べたい？」という具合。麻婆豆腐という意見もあれば、肉団子にして鍋がいいという声も出るかもしれません。「ニラも入れたい」となれば、「じゃあ買ってきてくれない？」と交渉するのも一案。**自分が考えた献立なら本人は文句を言わないというおまけ付き**です。

ミールキット

下処理済みの食品が、レシピ付きでセットになったミールキット。**"献立ごと買う"ことで、考える手間をなくせる**と人気です。

オイシックスやヨシケイ、生協などメーカーも増えており、コンビニから注文できるブランドや前日注文で翌日到着するものもあり。ちょっとした緊急時にも便利なので、まずはお試しキットから始めてみるのもお薦めです。

オイシックスやヨシケイなど
300〜500円／1人・1食分
10〜30分でできる献立が中心

レシピサイトで素材検索

レシピサイトは圧倒的な情報量が魅力ですが、なんとなく見ていると情報に溺れます。効率良く献立を決めるには、**素材で検索するのがコツ**。要は家族に聞くのと同様、ネットに問答するのです。

以前、アボカドと豆腐で何を作ろうか悩んで検索したところ、「溶き卵とチーズでグラタン風」という新鮮なレシピを知りました。以来iPadを常備して、キッチンでヒントをもらっています。

クックパッド、楽天レシピ
￥0
3分など自分で制限時間を決めるのもコツ

作りおき外注

最近増えているのが、自宅で**作りおきのおかずを調理してもらう**家事代行サービス。一食分ではなく数日分作ってもらえるので、**「家に帰ってきたらとりあえず食べるものがある」状態を、確保できます。**

食材はこちらで用意しておくのが一般的ですが、事前に伝えれば、苦手なものを避けたり好みを汲んでくれたりと、柔軟な対応も好評で、「忙しい時期を乗り切る投資」と人気を集めるのも納得です。

タスカジ、ベアーズ、Casyなど
材料費、作業者の時間給および交通費／回
約3時間（作業場の掃除含む）

1 登録・事前相談

当日までのやり取りはHP上でのチャット形式が多い

2 料理開始（当日）

スタッフが到着したら、道具や材料を確認してから料理開始。もし買いものから頼みたい場合は、事前に相談のうえ、稼働時間に含まれる

3 3時間で10品完成！

依頼先や相談内容にもよるが、3時間で10品程度のおかずを作ってくれる。おいしい食べ方や保存の仕方なども聞いておこう

4 後片付けまで込み

拘束時間内で後片付けまで行ってくれる

任せたつもりが、炊けてません（泣）

家事の定義を
すりあわせる

つかえるセリフ
「19時頃に炊きあがっていると助かります」

「お米、研いで」って言われたら……

「お米、研いでおいて」と言われたら、どこまでしますか。研いで終わり？　吸水まで？　炊飯機に入れる？　予約のスイッチはオンにする？

私のまわりの小規模な調査結果をご報告すると、頼む側が女性の場合、米を研ぎ、炊飯器に移し、水を入れてスイッチＯＮ。つまり「炊く」ところまでを先ほどの一言で想定する人が多いのに対し、男性は「研ぐまで」あるいは「水を入れるところ」までという人が多く、「炊いてくれとは言われてないからスイッチは入れない」という意見が多数派でした。行動の裏には、「頼まれてないことまでするのは迷惑かも」という配慮がある様子。その証拠に「だって炊き込みごはんにするつもりかもしれないし」という声もちらほら。**プロセスをわかっていないわけではなく、気を遣ってくれている**のです。

どんな家事でも、頼む・頼まれる際は、**互いの言葉が指す内容をすりあわせることが必要**そう。家族だとつい「それぐらいわかるでしょ」と甘えがちですが、これは**会社での仕事と同じだと思ってみる**と、サラリと卒なくできるのではないでしょうか。

作ったからには「おいしい」って言われたい！

「おいしい」を待たない、気にしない

つかえるセリフ
「味の仕上げはご自由にどうぞ〜」

母の口癖は「おいしいから、食べなさい」。まぁおいしいんですけれど、昔、弟が「おいしいかどうかは僕が決めるよ」と言ったことがありました。冷静に考えれば言い得て妙。

もちろん、おいしいものを食べさせたいと思ってくれるのは有難いけれど、**食べる側の感じ方は、人によって、また体調や食欲によっても変わります**。

料理は「出されたその状態が完璧」というイメージもありますが、海外に行くと必ずしもそれが常識ではありません。タイでは卓上に置くお決まりの調味料4種があるし、アメリカではケチャップやマスタードなどが欲しければ、オーダー時に遠慮なく伝えます。

家でも同様に、**味の仕上げは各自で**いいのでは？ 作る人が、**味付けにそこまで重圧を感じなくてもいい**のではと思います。

何品も作る時間がありません

さよなら、品数の呪い！

つかえるデータ
旬の素材をとって品数を減らす

旬の時期にとれば……

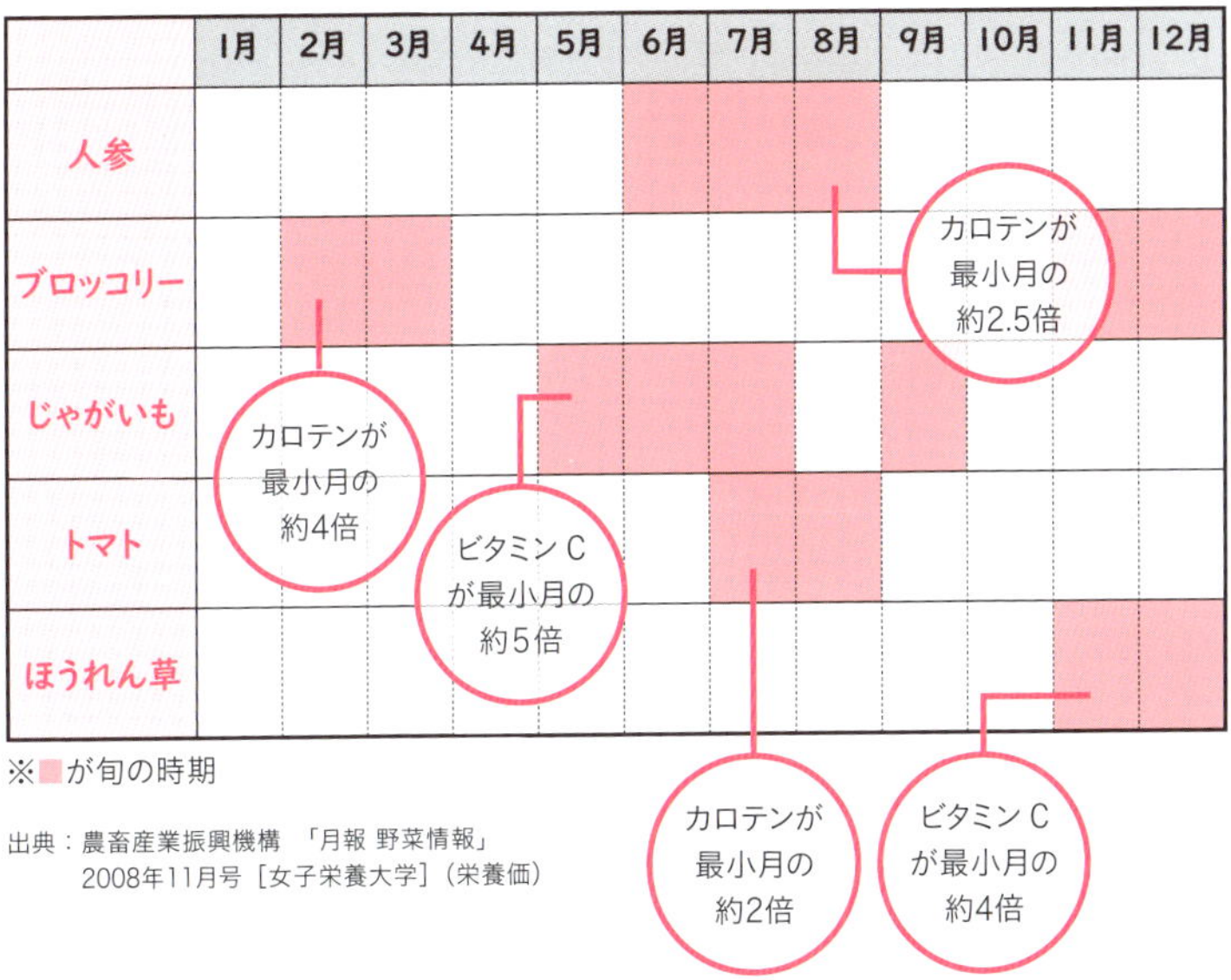

※■が旬の時期

出典：農畜産業振興機構 「月報 野菜情報」
2008年11月号［女子栄養大学］（栄養価）

一食何品、一日何素材といった数値目標は、ごはん作りツラくします。そんなこと考えてたら、ますます献立が浮かばなくなりそう。

品数を増やすより効率がいいと思うのは、**旬の食材をとること**です。同じ野菜や魚でも出盛りの時期は栄養価がぐんと高く、もちろんおいしい。**品数は少なくとも、栄養効率の良い食卓ができる**というわけです。

野菜なら冬は白菜、ほうれん草。春先はキャベツ、夏はトマト、きゅうり、とうもろこし。春のイチゴにはじまって、桃にスイカ、リンゴ、みかんと果物を足すのも手です。

旬の時期にはたくさん出回り、値段も下がるのがお約束。冬は高いトマトやナスより、値段が安いねぎや大根を。今日は豚肉、明日はブリと、同じ素材でも取り合わせを変えれば別のおかずの出来上がりです。

20分はかけた料理じゃないと罪悪感?!

2018年12月1日の朝日新聞によると、簡便調理に「罪悪感」を感じる女性が、2013年から2016年にかけて増えていることが、大手食品メーカー、キユーピーの調査でわかったそうです。

逆に、「20分以内で主菜、副菜の2品ができる」というOisixのミールキットは大人気。「手間をかけた」という精神的な満足感を重視した商品開発が受け、2013年の発売以降、出荷累計は2400万食を超えるとのこと。

「20分」の手間をかけた感、「一汁三菜」という日本の食事の基本パターン。厚生労働省が目標と掲げる「一日の野菜摂取量350g」の成人の野菜摂取量。こういう話を耳にするたびに、**「そんなに数字にこだわらなくてもいいのでは」と思います。**調理なんて、10分の日もあれば25分の日もあるでしょう。野菜もたくさん食べられる日もあれば、今日はちょっと少ないねという日があって普通です。それを**わざわざ数値目標などというストレスを、自分にかけなくてもいいんじゃない**、と。

私自身にとっては、一食の調理にどれだけ時間をかけるかよりも、食事の準備、配膳、片付けの回数を減らすことのほうがよほど重要な問題でした。朝食も夕食も、家族それぞれの登校・出勤・帰宅時間にあわせて準備すると、細切れとはいえ、毎日朝晩2～3時間、1日4～6時間をもっていかれます。それに耐えきれなくなって、その日夕飯を食べる人のなかでいちばん遅い人の時間に合わせ、その代わり家族みんなで夕食をとることにしていました。夫の帰宅に合わせると夕飯は9時ごろ。そんな時間に3歳児がごはんを食べているなんて自慢できることではありませんが、それがわが家の現実でした。おなかが空いて待てない子にはおにぎりやおせんべいを渡し、おかずだけはみんなで一緒に食べることでコミュニケーションの場としての夕食は続きました。私自身も夫が帰るまでに入浴や翌日の準備などを済ませ、テレビを見ている子どもの脇で食事を作り、調理が早く済んだら、持ち帰った仕事をテーブルに広げるという生活。決して人様には言えない食事事情でしたが、家族の誰かが肥満になることもなく、子どももさしたる偏食もなくそれなりに育ちました。それどころか、長男に子どもの頃のことを尋ねてみると、**「いつも家族そろって食事するのが、わが家の習慣だった」**と話します。

これを聞くと、夕飯の時間が遅くても、テレビを消して、みんなで喋りながら食べてきた食事はそんなに悪くはなかったのかもしれないと今、思います。数字を気にするなら、何分で食事を作ったかや何品おかずを出せたかではなく、**何人で食卓につき、何分みんなで話ながら食べたかを気にするほうが、幸せな食卓の記憶にはつながる**のかもしれません。

料理が愛情のバロメーターって、変だと思いませんか？

Data：朝日新聞連載「平成家族」2018年12月1日より

夫の分まで弁当作り、しんどいです

お弁当代を
もらってみるのは
どうでしょう？

つかえるセリフ
「手作り弁当、1食300円だったらどう？」

子どものお弁当が始まった頃、夫も弁当を持って行くと言い出しました。「一つも二つも大差ないでしょ」とは本人の弁。でも、手間も材料もゼロというわけにはいきません。なのに、作ってもらう側は昼食費が浮くわけです。一食700円として、1年で約17万。**私は手間が増えるのに、あなたのお小遣いが増えるのはおかしい！** と交渉の末、一食300円のお弁当代をもらうことになりました。出来上がったお弁当の脇に貯金箱。お弁当代と引き換えです。

チリも積もれば山となり、この弁当貯金で家族でお寿司に行ったりも。でも**いちばん嬉しかったのは、家事を見えるカタチで価値化されたこと。**勇気や根気がいりますが、**時には家事にお金を払ってもらい、その価値を伝えることがあってもいい**と思います。

私が作れない日はどうしよう？

出かける夜は気を利かせて（たつもりで）作らない

つかえるセリフ
「何食べるかお任せしまーす」

自分は食事に出かけるけれど、夫（と子ども）はお留守番。そんな時、つい先回りをして夕飯を作っていませんか？

でも実はこれ、家族に食事の準備をしてもらう貴重なチャンスです。「何を食べるか」から、お留守番の人達たちに考えてもらいましょう。「作っておくわ」「帰ってから作るから待っててね」はやり過ぎです。

作るか作らないかも、何を食べるかも一切おまかせ。外食でもコンビニ弁当でも、本人の選択にゆだねます。「何か作る」と言われたら、「食材買っておこうか」と一声をかける手もありますが、テーブルに食費を置いて「お任せします！　楽しんでね」という手もありますね。**帰宅後は、何をどこで食べたのか、気ままな大冒険の報告を楽しんで聞きましょう。**

食材を“見える化”する

「パスタがどこかわからなくて作れなかった」

「え、昨日の残りあったの？」など、台所での行き違いはつきもの。

説明ナシでも伝わる工夫をどんどん進めましょう。

ラベルを貼る

四角い容器なら重ねることも。ラベルはフタに

中身を示す常套手段。ボックス本体や取っ手、フタなど、いちばん見えやすい場所に書いておきましょう

頭が出るボックスを使う

メッシュだと中身がより見える。容器を揃えれば見た目もスッキリ

あえて浅い容器を選ぶ。入れる物の頭が出れば、ラベルを付けなくても一目瞭然

おかずにフセン

3／12(土)
茹でジャガ
チーズかけて
焼くと美味しい

3／14(月)
味玉

3／12(土)
カレーの残り
お早めにどうぞ

食べてほしいものには気づかれる工夫を。冷蔵庫の作り置きなどに、大きめフセンを貼って

かけこみ寺的なお店をもつ

上の子が小学生になった頃から、どうしても夕飯に手がまわらないとお世話になったのが徒歩圏内の洋食屋さん。「今日はもうだめだ」という時は、子どもたちだけで行かせたことも。

安心できるのはこんなお店

- ☑子どもがオーナーさんになついている店
- ☑個人のお店。オーナーの目が店舗全体に届く小規模店がベスト
- ☑オーナーさんが子どもの名前を知ってくれている店
- ☑子どもがいつも食べる定番料理があると good

気をつけたいこと

- ☑子どもが行く前に電話で事情説明する
- ☑「〇〇食べさせてもらってね」と定番メニュー指定（できれば事前に店へ電話でも依頼）
- ☑帰宅後、お金が足りたか確認。おかしかったら翌日にでも電話して調整

まずいから、食べなかったの？

残した人を
追求しない

つかえるセリフ
「大皿でシェアするの、気楽だね」

ジャンボチーズオムレツ

作り方（2人分）

1. 中華鍋（フライパンでも）を中火で熱し油を入れる
2. 卵4つ割り入れ、ねぎのみじん切りを入れてかき混ぜる
3. 半熟になったところで、とろけるチーズを大さじ2〜3加えて溶けるまで軽く混ぜる
4. 形を整えて出来上がり

※②で納豆を加えると、ふわふわの納豆オムレツに

「あら、まずかったかな？」。作った料理を残されると、作った側は気になります。銘々皿に盛り付けると、なおさら誰がどれくらい食べたか（残したか）わかるので、残したほうも残されたほうも、なんとなく不穏なムード。でもその時食べきれなかったのは、おいしい・まずいに関係なく、盛り付けた量と食べたい量が一致しなかっただけかもしれません。

誰がどれくらい残したかが気になるなら、**いっそ、大皿で出してはどうでしょう**。食べる量は本人に任せ、**料理の減り具合をおいしさのバロメーターにしないようにする**と、食べる側も作る側も随分気持ちがラクになります。もし残っても、それはただ作りすぎたから。「みんな、一口くらいは食べましょう」くらいのゆるいルールが良さそうです。

毎食後、洗わないなんてだらしない？

食器洗いは毎食後しなくても罪じゃない

つかえるセリフ
「まとめて洗った方が効率的じゃない？」

食べ終えたらすぐ、食器を洗いますか？不衛生だから、だらしないから、家族が気にするから……。「洗ったほうがいい」という理由はいろいろありそうです。

　でも**アメリカやスウェーデンでは、毎食後洗う家庭のほうが少数派**という調査結果もあり、数回分まとめて洗うのが普通です。

　ではすぐ洗わない場合どうするか。**雑菌を繁殖させない工夫**すれば、とりあえずは合格です。P.91で紹介するつけおきは、除菌・漂白も同時にできて最適。朝昼は浸けておいて、夜にまとめて洗うもよし、午前中のほうが余裕があるなら逆でもいいでしょう。

　それから**家族との分担**。「すぐ洗ったほうが気持ちいいね」で意見が一致していたとしても、**同じ一人が毎回引き受けなくてもいいはず**です。これはP.90で、具体的なアイデアを紹介します。

夕飯を食べる頃には疲れてます

料理と片付けを分業しよう

つかえるセリフ
「作ったから、片付けてね」

コーヒーやシリアルではOKが出にくい夕飯は、一日の終わりに待っているもうひと頑張りの長丁場。食べる時間から逆算して、買いもの、調理、配膳……と段取りを考え、さっさと動かないと間に合いません。決まった時間に食事を出すって結構なプレッシャー。だから、食後はちょっとゆっくりしたいのも人情ですが、誰か食器洗ってくれないかな〜と思っても、交渉はなかなか難しいもの。

だからといって、**「こんなに頑張っている」と主張するのは**、残念ながら**裏目に出がち**。ここは**穏やかに「作ったから、片付けてもらえない？」が正解**です。「なぜ？」と言われたら、「片付けが大変なら、作ってくれてもいい」と譲歩してみます。「大事なのは、両方を一人が背負うのではなく、**一つずつ分担**することなの。**その方が公平だよね**」というスタンスで、淡々と話を進めます。

「食べたら洗おう」

各自が使った食器が明確な朝食などは、「自分が使った分は自分で洗う」を基本にするのも一案。これはとくに、子どもから始めると家族全体に広がりやすいです。

「洗えば使えるよ～」

「コップがないよ！」と言われたら？　キレイなコップをどんどん使う人ならば、洗うのもどんどんしてもらいましょう。そちらだって、私が散らかした物を片付けるのはイヤでしょう？

「浸け置きしとくから、すすいでくれると嬉しいな」

とりあえず浸け置き、という手もあります。使うのはドラッグストアなどで手軽に買える**過炭酸ナトリウム。汚れを浮かすだけでなく、大腸菌の除菌、漂白も同時に可能**。

1

浸け置き用のたらいを準備

洗い桶に水をはり、洗剤と過炭酸ナトリウム※を溶かしてサッと混ぜる。

※ドラッグストア等で￥300/500g程度

2

大きな汚れを落とし、浸ける

固形の食べ残しや、ひどい油汚れを落とし、1のたらいに沈める

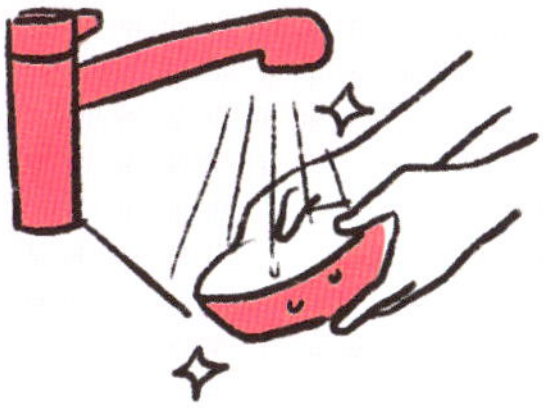

3

すすぐ

すすぎは翌日でもOK。水で流せば○、クエン酸水にサッと浸けるとよりサッパリ。

「汚れた食器が置いてあるのは我慢できない！」という人は、自分の気持ちの安定のためだと自分を納得させ洗ってしまいましょう。自分が我慢できないなら、割り切りも必要。ここはさっさと片付けて、他のことをやってもらえばいいのです。

え、拭くまでやらないの？

「洗っといた」には まず感謝

つかえるセリフ
「どうもありがとう！」

「食器を洗う」と一口に言っても、どこまでやるかは人それぞれ。汚れた食器を洗うこと？　洗った食器をふきんで拭くことも？棚に戻すところまででしょうか。夫婦であっても、たとえば妻は自然乾燥派、夫はふきんで拭きたい派だと、夫から見た妻は「途中までしかやっていない！」状態。バトルも珍しくありません。

でも、「洗っといた」と報告されたら、**まずは一言「ありがとう」**。自分のやり方に固執せず、誰かがやるべき**家事をしてくれたことに感謝するのが、最重要事項**ではと思います。そのうえで、相手のやり方を観察。**「自分だったら、その先までするのにな」という工程があれば**、それは自分が引き受けるのか、そこまで含めて次からやってもらうのか。**考えるのはその次**です。

こ、これは、洗ってくれたのか……

注意するのは
客観的に、対等に。

つかえるセリフ
「お皿って、けっこう裏も汚れるね～」

せっかく家事をしたのに、直後にダメ出しされたらツラいもの。食器洗いも、誰かがすすんで洗ってくれたら、落ち度があってもまず一回目は飲み込んで。そしてそのうち洗剤のCMでも流れた時にでも「そういえば、お皿って裏も結構汚れてるね」と客観的に呟いてみる。あるいは**次にしてくれている最中、「裏って油が残りやすいから、一応チェックよろしくね」と情報シェア**。ここができていない、ちゃんとやって、と命令口調で注意せず、「こっちも気をつけるから、そちらも気をつけてね」と**対等なスタンスでいきましょう**。

それでも汚れが落ちていなかったら。翌日にでも「汚れてるよ」「あれ、昨日洗ってもらったのにおかしいな」。ちゃんと洗ったと返されたら、「じゃあ私かな?」ととぼけても。

家事は毎日のことです。**ところどころは、のんきに構えて**いきましょう。

それはシンク用スポンジだ――！

違う形の道具なら迷わない

つかえるデータ
シンクのバイ菌はトイレより多い

実は食器洗い後のシンク内、バイ菌（生菌）の数はトイレ以上といわれています。だから食器用とシンク用で、スポンジは分けるのが理想。ところが**せっかく二つ置いても、その意味が家族に伝わっていない**と残念な事態が起こります。使い古して流し用に〝おさがり〟した食器用のスポンジで、食器を洗ってしまったりするわけです。

つまり、スポンジの見た目や置き場所を変えるだけでは不十分。そこで提案したいのが、**シンク洗いにはシートを使う**こと。**明らかに違うアイテムなら、間違いようがない**からです。

よく見かけるのは、厚手キッチンペーパーのような素材で、15枚入り300円前後の商品。1枚でキッチンカウンターからコンロ、シンクまで拭きまわせるほど丈夫だし、使い捨てなので、衛生面でも安心です。

食洗機を使うのは罪悪感……

「きちんと」の呪いから解放されよう

つかえるセリフ
「起きたらキレイになっている！」

食器洗い機が普及しにくい日本。背景には、手洗いのほうが「きちんと」洗えるという意識が根強くあるように思います。そして「きちんと」した洗い上がりを求めると、結局家族には任せられず、自分で洗うことになる人も多いよう。そうなるともちろん、機械に任せるのも不満が残るからNGに。

でも、ものは考えよう。夕食後のくつろいだひと時にお皿洗いをする労力と、頭の片隅から離れない「早く洗わなくちゃ」というプレッシャー。そんな**ストレスから解放されるとしたら、「きちんと」にちょっと届かない洗い上がりでも、目をつぶってみる手もあるのでは？**

機械をひとつ取り入れることで、時間にすこしゆとりができ、家族と一緒にテレビを見ながら笑う時間が増えるなら、それを優先しない手はないと、個人的には思うのです。

食洗機で洗えない食器は？

特殊な食器は
買ってきた人が
責任者

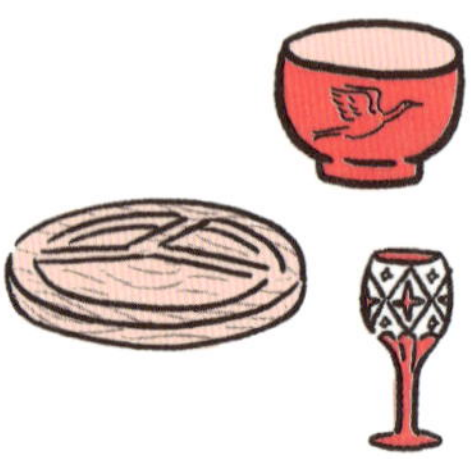

つかえるセリフ
一斉に洗う時は、全部食洗機に入れますよ〜

家事を手放すための食洗機。食器や調理器具は、**それに対応するものだけで揃えるのが理想**です。一般的なガラス、プラスチック、陶器、磁器、ステンレス製はまず大丈夫。主な汚れを落としたら、マシンにお任せです。

とはいえ、素敵な塗りものや木の器など、食洗機NGの食器が欲しくなることもありますね。でも、買いすぎて結果的に手洗いが増えては本末転倒。家事を省力化したいと思うなら、**買う時に、「これは手洗いだけど、頑張っていけるかな?」と自分に確認**するくらいのハードルはあったほうがよさそうです。

家事をラクにする第一歩は、買いものから始まります。素適な食器と洗いもののラクさって、なかなか成立しないのが、残念ながら現実です。

お薦めアイテム 料理編

萬古焼《ばんこやき》 蒸し鍋 P.32

二段調理鍋は様々なメーカー、素材がありますが、わが家で愛用しているのはこの土鍋。遠赤効果・保温性が高く美味しく仕上がるし、食卓にこのまま出せるのも便利。

8号（2〜3人サイズ）
5,000円前後

Kit Oisix／オイシックス P.68

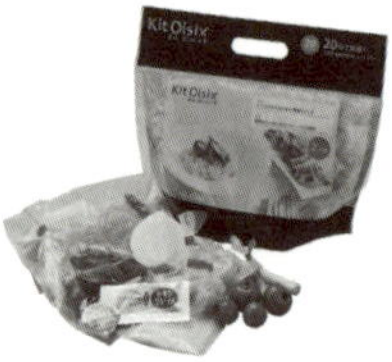

2品・600円

食材や調味料が必要な量だけセットになって、レシピ付きで送られてくる。20分で2品程度作れる内容が主流だが、価格やメニュー、品数、申込み方法など各社特色がある。

ひもの干し網／パール金属 P.59

干し野菜作りのネット。一度にたくさん干せる3段タイプは、食材を安く買えた時にまとめて作れるので便利。梅雨時期以外なら、たいてい数日でカラカラに乾く。

40㎝角・3段
1,000円前後

家事を助ける

GN過炭酸ナトリウム／LEC P.91

漂白・消臭・除菌の三効果で、台所から衣類の洗濯まで幅広く使えます。塩素系のようなきついニオイや有害ガスの心配がないのが◎。30～50℃のお湯に溶かすと効果大。

500g・300円前後

450円

シリコーンスクレーパー／無印良品 P.91

鍋や食器の表面を傷つけず、汚れをきれいにすくって洗えるスクレーパー。柔らかいシリコーン製で、持ち手がないので汚れをこそげやすいデザインです。長さ約11cm。

激落ちくん 家中 ピカピカお掃除シート／LEC P.96

シンクをはじめ、蛇口、天板、コンロ周りの汚れを水だけで落とせる使い捨てシート。スポンジを2個置きすると食器用と間違いがちな、シンク掃除にはとくにお薦め。

8枚入（16カット分）・400円前後

第2章

片付け・掃除のワンオペをなくす

わが家だけ、どうしていつも汚いの……

よ その家はよその家。

片付けに命を燃やさない

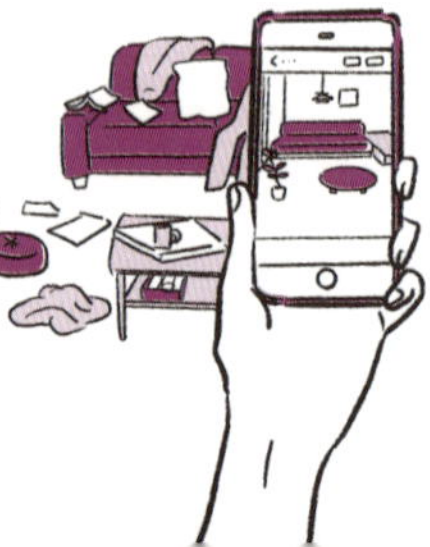

つかえるセリフ
「家族がご機嫌ならば十分でしょ」

SNSで見かけるおしゃれなおうち。振り返って目に入るわが家の惨状。へこむ気持ち、よくわかります。でも、見方によってはリビングが散らかるって、みんなが集まりやすいからですよね。ホテルライクがいつもいいとは限りません。よその家はよその家と割り切りましょう。

そろそろ散らかってきたなと思った時も、なにも**一人で「キレイにするぞ！」とはりきる必要はありません**。個人の荷物袋システム（P.145）で、時々みんなに片付けてもらえばいいのです。散らかったリビングの全責任がこちらにあるわけではないのですから。

結局のところ、大事なのはSNS受けすることじゃなくて、家族がくつろげること。**みんながご機嫌に過ごせれば、それ以外は、実はたいした問題ではありません。**

家じゅうの片付け・掃除、ぜんぶ私？

みんなの場所は一人で片付けなくていい

つかえるセリフ
「みんなの場所だからキレイにしよう」

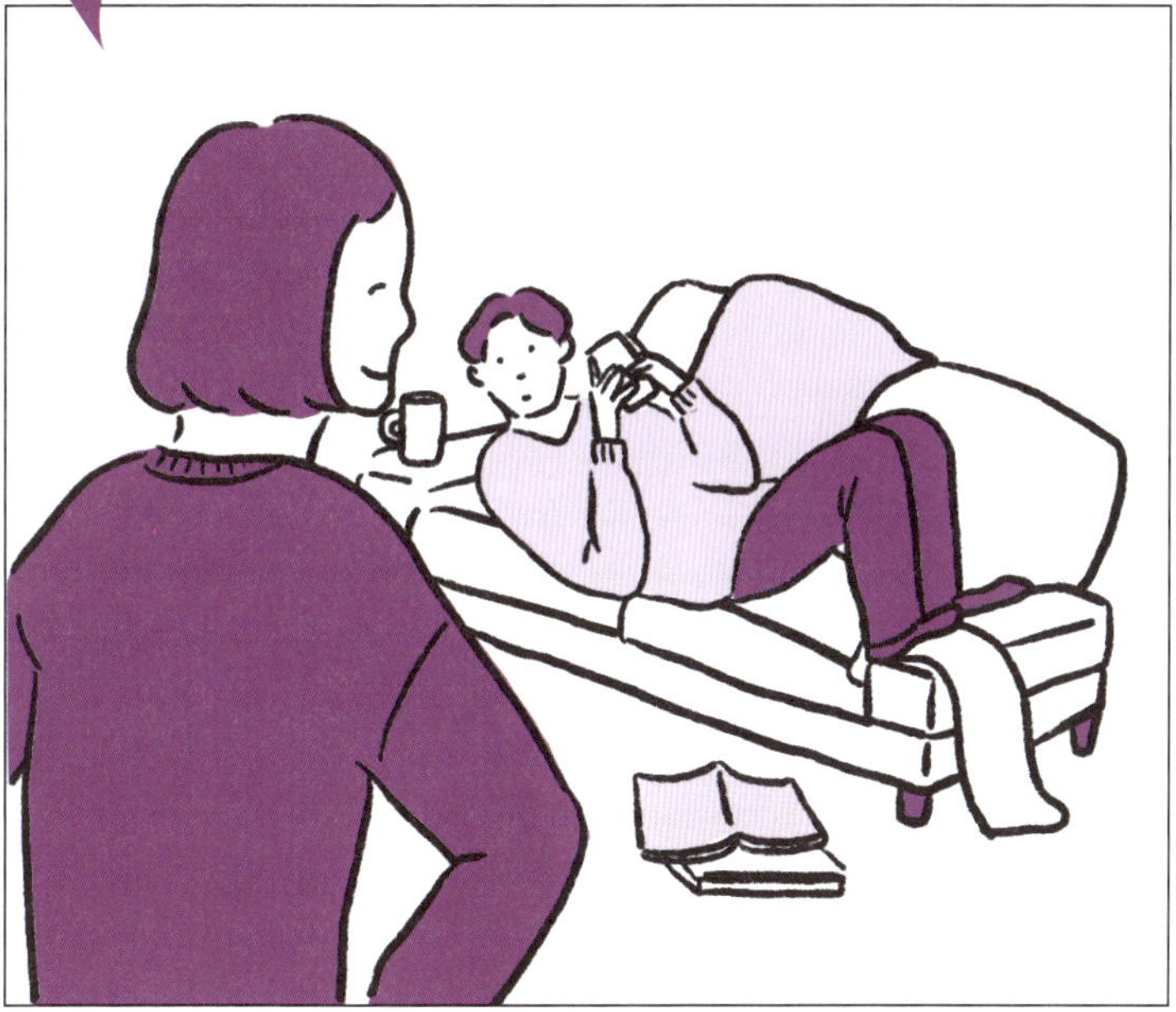

家の中には、個人の場所（専用部）とみんなの場所（共用部）があります。専用部は誰か一人が使う部屋。共用部はみんなが使ったり通ったりするところ。いわば**公園や学校、会社と同じです**。みんなが使うから、使った物は片付ける。みんなが使う場所だから、汚したら自分でサッと拭く。これさえできれば、片付けも掃除もみんなで分担できるのです。

とはいえ、それがなかなかできないから負のループ。「気づいた人が引き受ける」流れを断ち切るためには、家の中で線引きが必要です。つまり、**共用部は一人でキレイにしようとしない、先回りして片付けない！**

散らかしたペンも汚したテーブルも、個人に起因する共用部のできごと。だからもう一度、言ってみましょう。**穏やかに、冷静に、粘り強く。「みんなの場所だからキレイにしようね」**。

共有部の掃除、どう分ける？

こだわりある場所はこだわりある人に

つかえるセリフ
「君のほうが絶対キレイにできる」

リビングや食卓、トイレ、風呂、玄関。共用部の片付けや掃除は、どう分担するのがいいでしょう？

ひとつは、**その場所の理想に、こだわりある人に任せるという手**です。「まだここが汚い」「あそこに置かないで」などと言う人は、他の人よりキレイの水準が高いのです。自分の思うレベルに掃除できていないと、「ちゃんと掃除ができていない」と感じるのなら、その人にお願いしてはどうでしょう。

たとえば靴の並べ方が気になる人に玄関を、AV機器の手入れを丁寧にしたがる人にテレビまわりを、五徳を毎日ピカピカにしておきたい人にコンロまわりを。自分の思う通りの〝キレイ〟になっていないと気になるという場所を、それぞれに割り振っていくのが、**文句の出ない納得のいく分担に近づける第一歩**です。

自分と掃除のやり方が違う

順番、方法、所要時間。片付けや掃除は人によってやり方が違います。自分の方法で、自分の思ったようにやってもらうのはお手伝い。シェアではありません。シェアの責任者はパートナー。いつどうやるかは相手にお任せします。

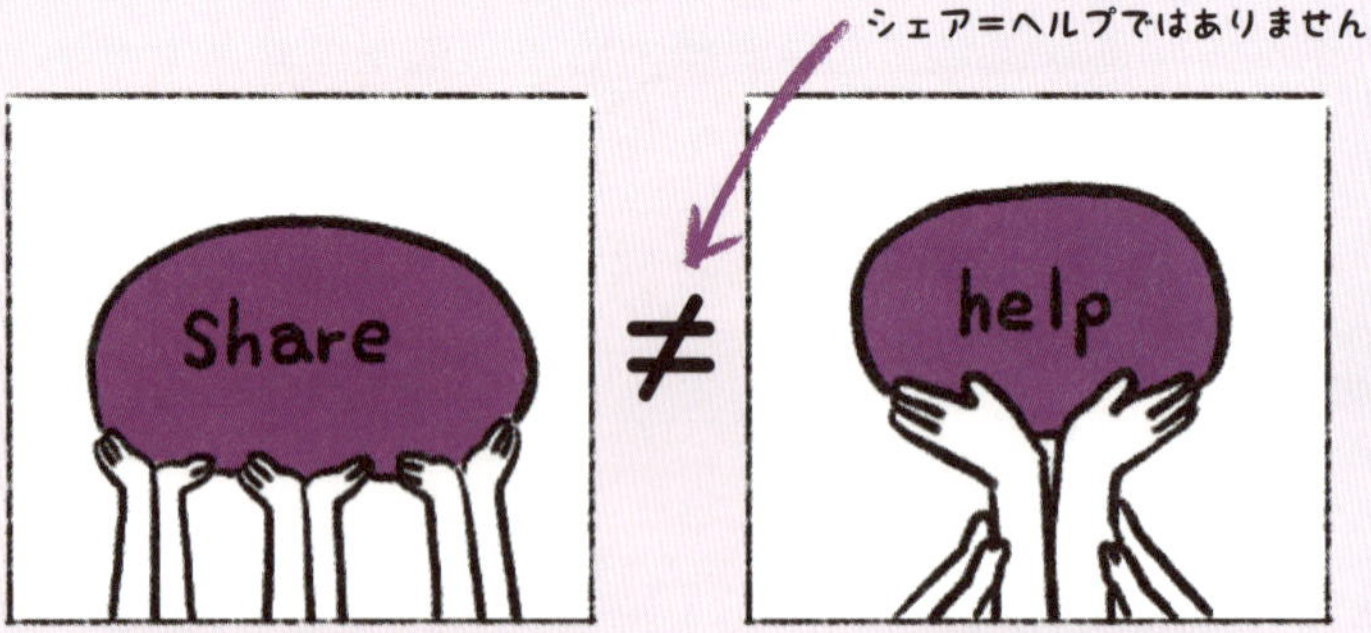

シェア=分担。作業だけじゃなく、責任も分担。やり方も各自で。

ヘルプ=お手伝い。リーダーの目的のための下働き。責任はなし。

途中までしかやってない？

どこまでが掃除かは人それぞれ。ゴールが違えば結果が違うのも当然です。「テキトウに終わらせている」と決めつけず、たとえば「リビングの掃除って、どこまで指す？」と聞いてみて。工程をすりあわせていきましょう。

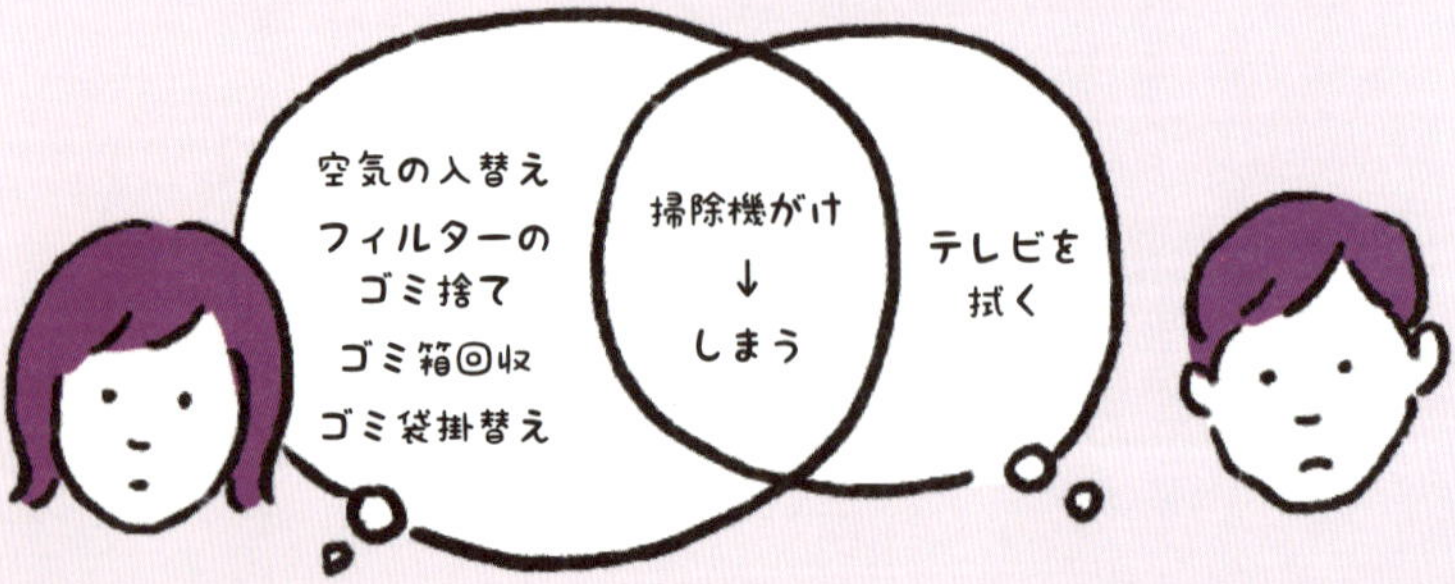

そうは言ってもこの仕上がりは……

たとえば窓拭き。やり方次第でピカピカにも拭き跡だらけにも仕上がります。相手の方法がNo Goodと気づいたらその方法を否定しないで、「こうすると○○だからいいらしい」と理由とともに伝聞調で言ってみて。

○ つかえるセリフ

「お疲れさま！」

終わったよ〜

「できるだけ乾拭きがいいらしいよ。今度試してみて」

なんで？

「今、白くくもっちゃてる、濡らした跡が残ってるからじゃないかな？」

へ〜

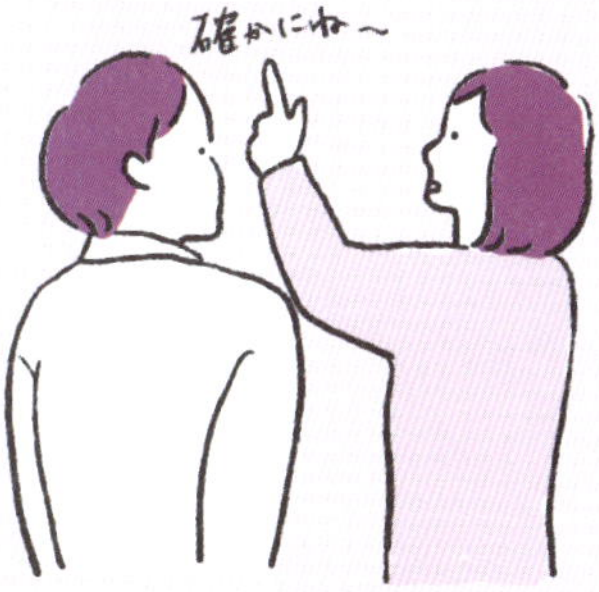

まずは、ねぎらう。そして改善案とその理由を説明

× つかえないセリフ

「ここ、やり残し」

「これじゃ掃除したって言わないよ」

「ちょっと私のやり方、見て」

不満ややり方の否定からは何も生まれません

分担したのに、結局私がやってない？

フセンで分担を見える化する

つかえるセリフ
「私、けっこう掃除しているね」

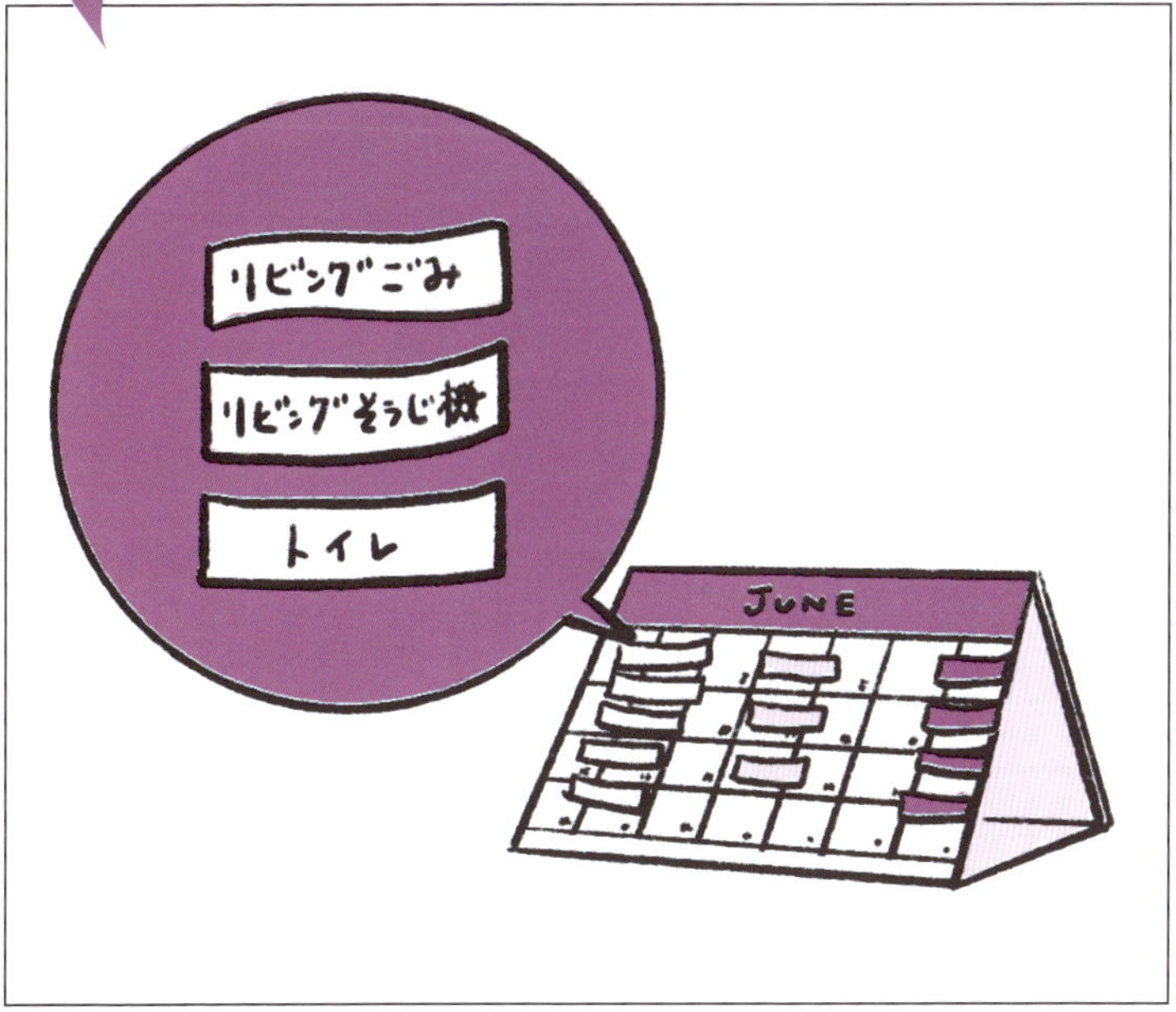

掃除場所の分担が決まったら、それを**見える化してみましょう**。誰がどれくらいの頻度でどこを掃除しているか、**負担の分散具合をやんわり共有する**のです。

方法は簡単。担当者ごとに色分けした**付箋に掃除した場所を書き、カレンダーに貼る**だけです。貼るのは本人のしごとです。月曜にトイレ掃除をしたらペタ。木曜日に風呂掃除をしたらペタ。間違っても、こちらが勝手に足したり剥がしたりしてはいけません。

一カ月後、その結果を眺めます。カラフルなカレンダーなら分担はうまくいっています。**色が偏っていても、相手を責めず**、「私、結構掃除しているね」程度に。「そうだよ、やり過ぎだよ」と言われたら、そうなのかも、とちょっと考えてみるのも一案。「ありがとう」と言われたら、「私にもありがとうと言わせて」と笑ってみるのも一案です。

分担先の掃除、止まってます

1回の掃除は3分以内の量に分解

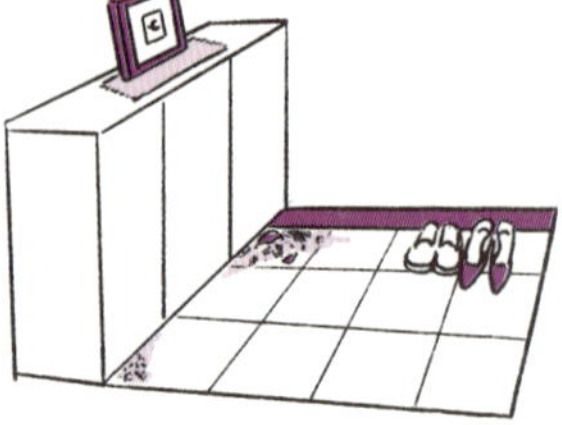

つかえるセリフ
「ここの掃除、もうちょい分解してみない？」

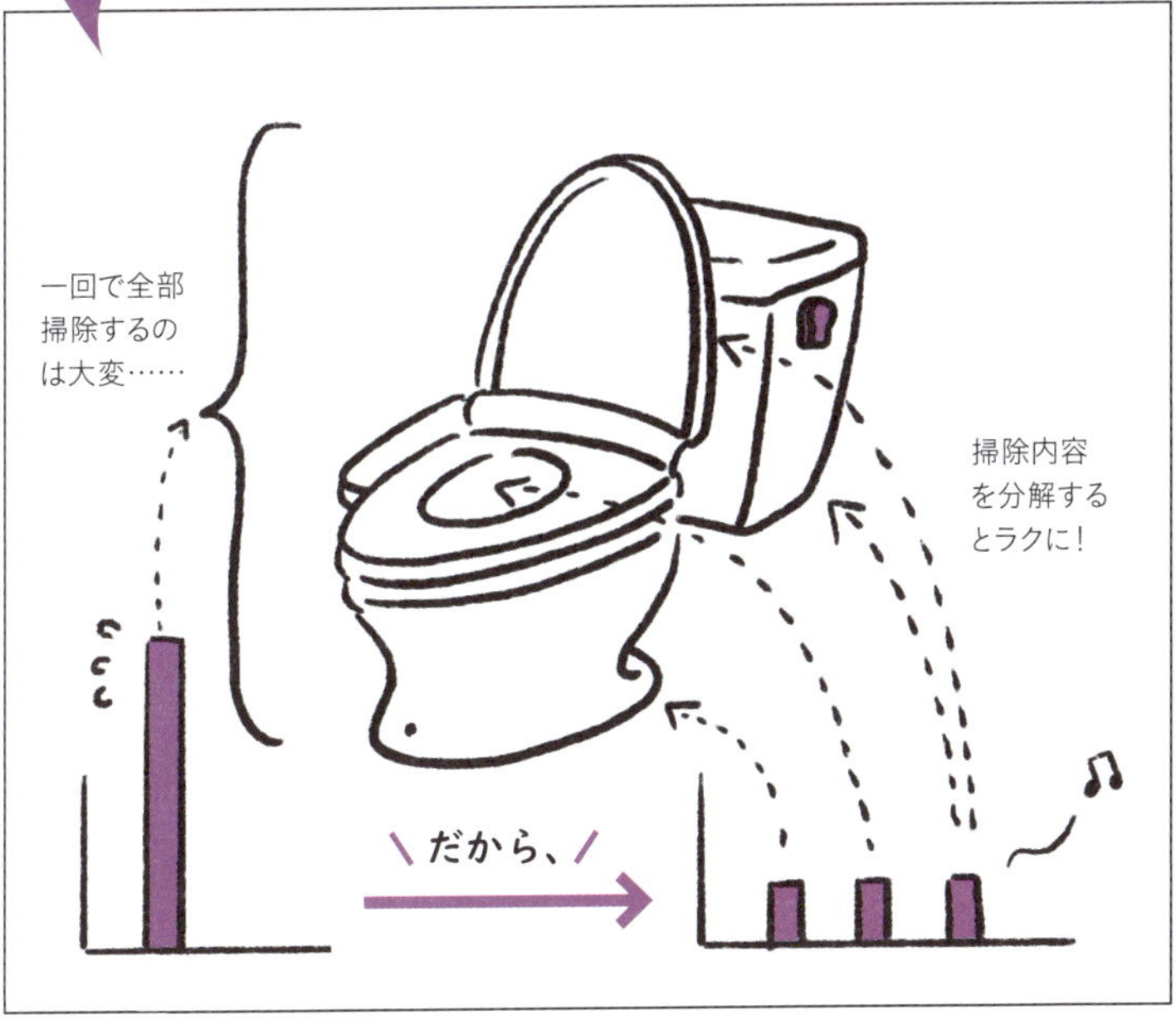
一回で全部
掃除するの
は大変……
だから、
掃除内容
を分解する
とラクに！

掃除は、場所ごとに細かく作業を**分解すると、ずっと分担しやすくなります。**ひとつの作業の**目安は1分。**長くても3分くらいがいいところ。

たとえばトイレ掃除は、①床を拭く ②便器を拭く ③便座とフタを拭く ④便器の内側を洗う ⑤手拭きタオルを替える の5ステップくらいに分解できます。こうすれば1回あたりは1〜2分。月曜日に①、火曜日に②というふう決めて行えば、ひとりで担当するにも**ぐっとハードルが下がります。**

ひとつの場所で**担当者を分けるのも一案**です。お風呂場なら、髪の毛のたまる排水口を髪の長い人に、バスタブはよく湯船に入る人、シャワーが多い人が洗い場という具合に分解。こうするとそれぞれの持ち場はチャチャッと短時間で終わるので、**一人ひとりの負担は小さく**、キレイを維持できます。

もうやるつもり、ないのかな？

分担したら腹をくくってこんくらべ

つかえるセリフ

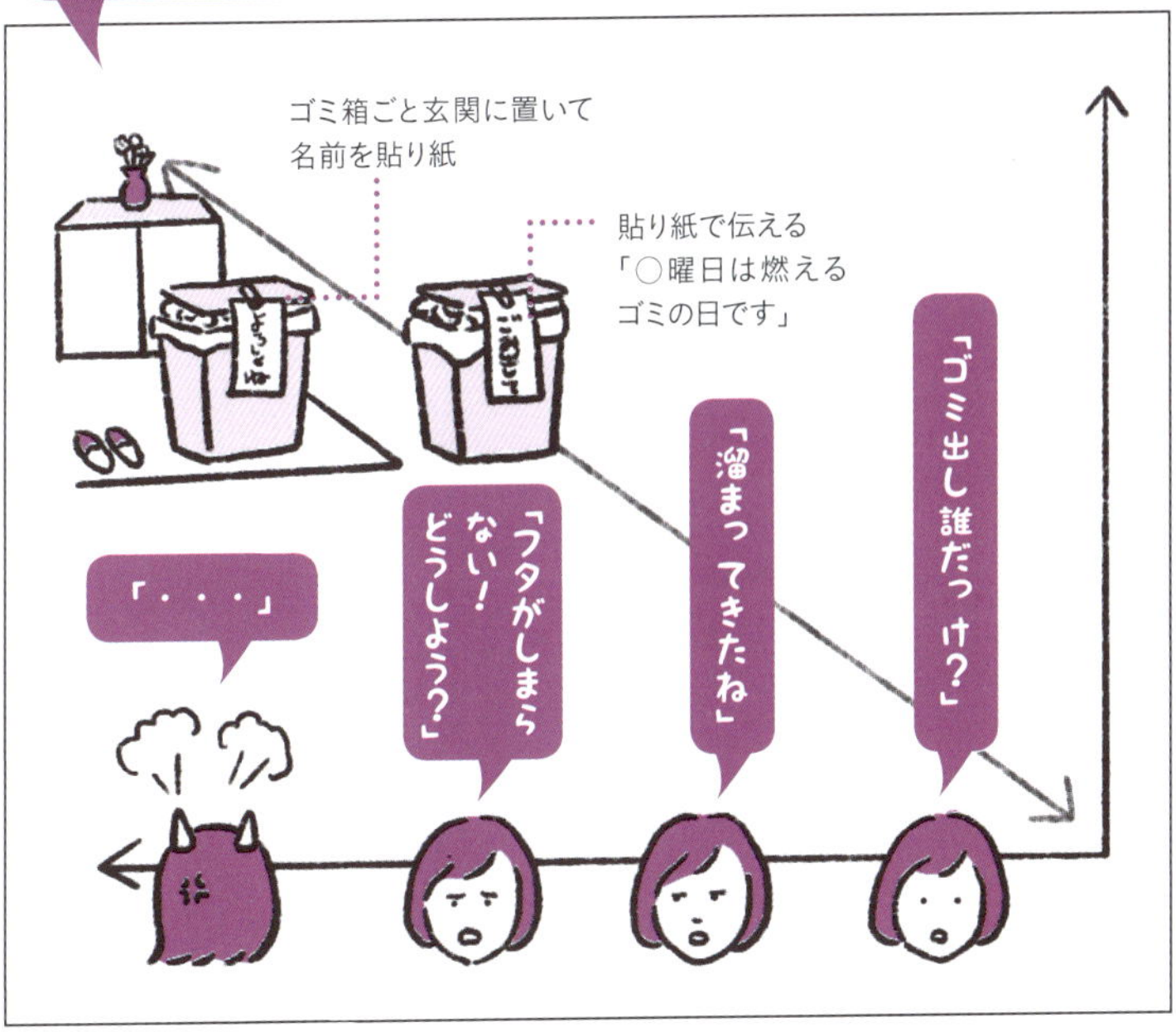

悪意はなさそうだけど忘れている、わかってはいそうだけど見て見ぬふり……。分担したのにやらない人は、きっと「自分がやらなければ家族が困る」という認識が欠けているのでしょう。もうすこし言うと、「自分がやらなくても、最終的には誰かがやってくれる」と思っているのかもしれません。

こういう時は、**手を出す代わりに、メッセージ。怒らず、嫌みを言わず、サラッと、要件だけ伝えましょう。**

単に忘れているだけなら「忘れてるよ」で十分です。わかっているのに避けているなら、**いやいや、尻拭いはしませんよときっぱり意思表示。**担当者がやるまで手を出さず、「困ってきたからお願い〜」と旗を振る。貼り紙ならもうすこし強くメッセージが伝わります。根気はいりますが、声を荒げて怒らず、にこやかに頑固にいきましょう。

「どうやるの？」って聞かれたら

手順だけを
シンプルに
伝える

つかえるセリフ
「これを使ってこの順に」

「どうやるの？」と聞かれると、つい親切心で、コツや効率的な方法を教えてあげたくなってしまいます。「あ、そのやり方だと手間かかる」「それじゃキレイにならないよ」なんて。

でも相手は、そんなことを聞きたくないかもしれません。だって、**知りたいのはやり方だけ**なんです。ですからやり方を聞かれたら、方法だけをシンプルに伝えます。この場合、**やり方＝手順**のこと。「掃除機かけとけばい い？」と聞かれたら、「先に高いところにはたきをかけてから掃除機だと助かるな」。「このガラスクリーナー、そのまま吹きかければいいの？」と聞かれたら、「先に乾拭きしてから吹きかけてね」。「雑巾ある？」くらいは声をかけても、「これで拭くといい」「それはダメ」という**アドバイスは余計**。まずは飲み込み、自発的な一回目を見届けましょう。

どんな場所も、上から下へ

ほこりは上から下に降りてきます。だから掃除も上から下が原則です。つい床から掃きたくなりますが、まずは棚の上、カーテンレール、テーブルなど高いところから埃を落とし、最後に床。階段掃除も同様です。

だから たとえば…

☑階段 ……… 上階の廊下・踊り場→階段を上から下へ→下階の廊下

☑LD ……… 家具や家電の上（背の高い順に）→床

☑お風呂 …… 天井→壁、ドア→シャワーやカラン→浴槽やバス小物→床→排水口

なんでもかんでも濡らさない

拭き掃除というと濡れ雑巾を連想する人は多いもの。
でも土は濡れると泥になり、ほこりも濡れると重くはりつき
落ちにくくなるので、油などべとつくもの以外、
最初は乾拭きが正解。それでも取れない時だけ水拭きを。

まずは乾拭き（むしろ濡らすと大変）

- フローリングの床
- 棚やテレビ
- サッシの桟
- 畳
- 玄関
- ピアノ、電子機器
- 布の上に落ちた納豆
- こぼれた小麦粉、パンくず

・窓ガラス、網戸、ホコリの溜まったコード類は軍手が便利　※詳しくはP.124

水拭きがおすすめ

- キッチンカウンター
- 食卓の上
- 流しのまわり
- お風呂場の扉まわり

窓ガラスは軍手で乾拭き

ガラスについている主な汚れは土ぼこり。これを濡らすと泥になり、落とすのは土ぼこりより大変です。**だから最初から水拭きはNG。**やみくもにガラスクリーナーを使うのも同じこと。便利なのが軍手です。丁寧に乾拭きすればたいていの汚れは落ちますが、それでも残る汚れがあれば水拭きを。

1 軍手した手の指をくっつけ、大きな平面をつくる
2 まずは窓のいちばん上を横方向にスライド
3 窓の端から順に、上から下へ縦方向に拭く

ここも軍手で

- ☑**コード類**……軍手をした手で握り、スーッとひと拭き
- ☑**ブラインド**……ブラインドを下げ、羽を一枚ずつつまんでスライド
- ☑**扇風機**……カバーのワイヤーは指でつまんで、羽は両手で挟んで拭く

洗剤は4つあれば家じゅうラクピカ

**子どもがいる家でも安心して使え、
家じゅうの汚れにこれさえあれば対応できる4種類。
場所別に買い分ける必要がないので、
省スペース&時短掃除が実現します。**

石鹸

対象
洗濯、食器洗い、拭き掃除など幅広く使える

【使い方】

粉石鹸なら水5ℓに大さじ1/2(500mℓなら小さじ1/3)を目安によく溶かし、泡立てて使う。スポンジにつけて重曹をかけてこすっても◎

重曹

対象
台所や風呂の油(皮脂)汚れ、家具などにつく手垢や静電気による黒ずみ

【使い方】

油汚れには直接(粉のまま)かけて、べとつきを吸い取らせる。黒ずみには、すこし濡らしたスポンジにうっすらかけてこする

【注意】

粒子が固いので、繊細な木や漆器、畳には使わない。アルミも黒ずむのでNG

過炭酸ナトリウム

対象
食べものや汗のシミ、しつこい油(皮脂)汚れなどの漂白・除菌

【使い方】

水5ℓに大さじ1〜2を、同量の石鹸と一緒に溶かしてつけおき。食器から靴下、お風呂小物まで、4〜5時間つけてから洗うと汚れがラクに落ちる

【注意】

溶かした状態での保存はNG。各商品の使用方法をよく読んで使う

クエン酸

対象
台所や洗面所など水まわりの白い汚れ(水垢)、トイレのアンモニア臭

【使い方】

水200mℓに小さじ1を溶かしてスプレー。そのままだと白い跡が残るので、乾拭きを

【注意】

塩素系製剤と混ぜない(有害ガスの恐れ)。大理石やセメント、鉄などにはNG

※商品によって特徴が異なるため、使用方法をよく読み指示に沿ってご使用ください

探しもの探偵を卒業したい

放置させない仕掛けをする

つかえるセリフ
「これで探しものがなくなるね～」

外で使ったカバンや帽子、コート類。リビングに連れてくる人、いませんか？　玄関で脱げばいいのに、着たまま部屋に入ってポイ。廊下にカバン、洗面台にゴムや時計も同じこと。これでは家が散らかります。

脱・ごちゃごちゃの第一歩は、**リビングで使わない物の置き場を、リビング以外につくる**こと。たとえば**玄関にコート掛け**。玄関にコートや帽子、マフラーなどを掛ける習慣ができれば、リビングはいつもスッキリです。

玄関には小物入れを置くのも効果的です。鍵やハンカチ、会社のＩＤ、定期券など、外で使う細々とした物の定位置はここと決めてしまえば、リビングや洗面台に放置されることが激減。もちろん、出がけに「ＩＤがない！」と家じゅう探すなんていうこともなくなります。

リビングが散らからない仕掛け

ついついリビングまで持ち込みがちな小物たち。
外でしか使わない物は玄関、身支度関係は洗面所に、
ケースやフックを仕掛けて定位置と決めてしまいましょう。

靴箱に外出用ケース

外で使う小物は、人別にケースをつくって靴箱の中に。家のあちこちに置かず、ここへ集約！

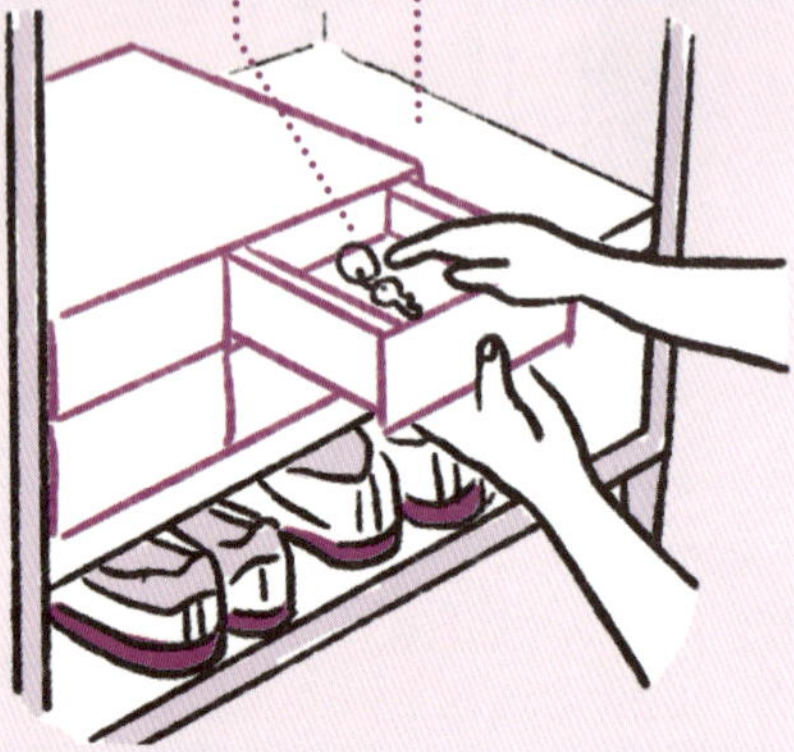
深さ10cm程度あると
ハンカチが立てて入る
ケースは靴箱の
上でなく中に

洗面所に壁付けフック

洗面所には、壁付けのS字フックを。シンク周りが散らからず、濡れたり迷子にもなりません。

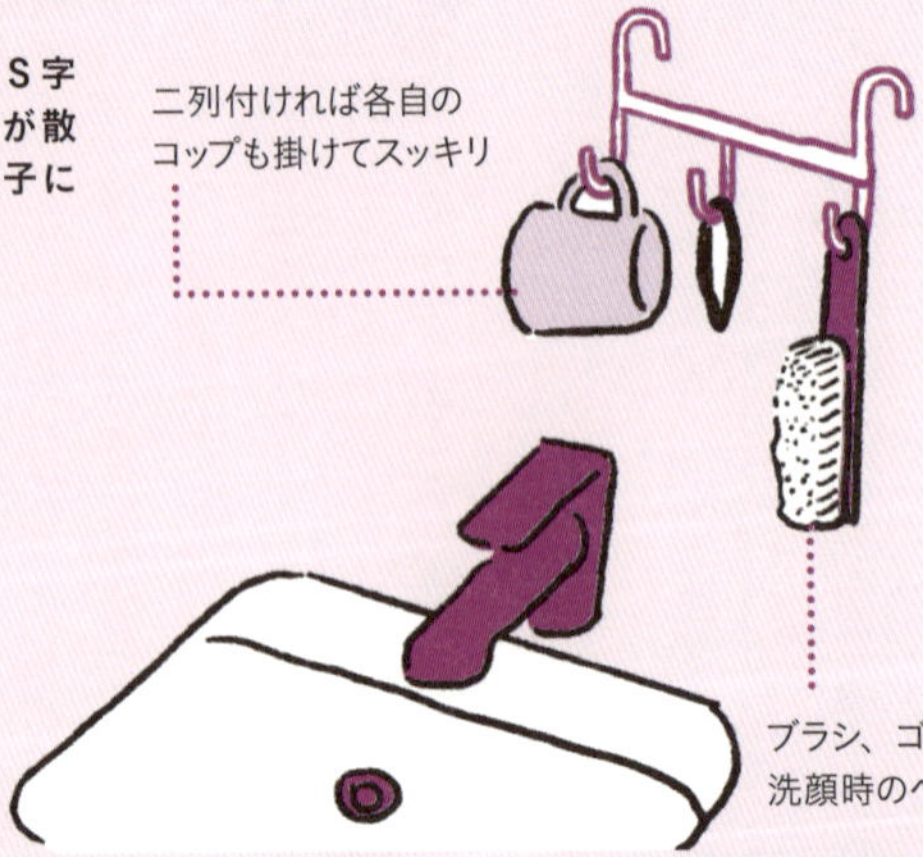
ブラシ、ゴム、
洗顔時のヘアバンドなど

“小掃除”しやすい仕掛け

汚れが目についたら、いつでもサッと掃除できる仕掛けも大事。
電源ナシで使える道具を、
すぐ手の届く位置にスタンバイしておきましょう。

テレビ脇に軍手

軍手をテレビ脇に常備。棚や家具の上、テレビのモニターやコード類など、軍手をはめた手でひとなですればスッキリ！

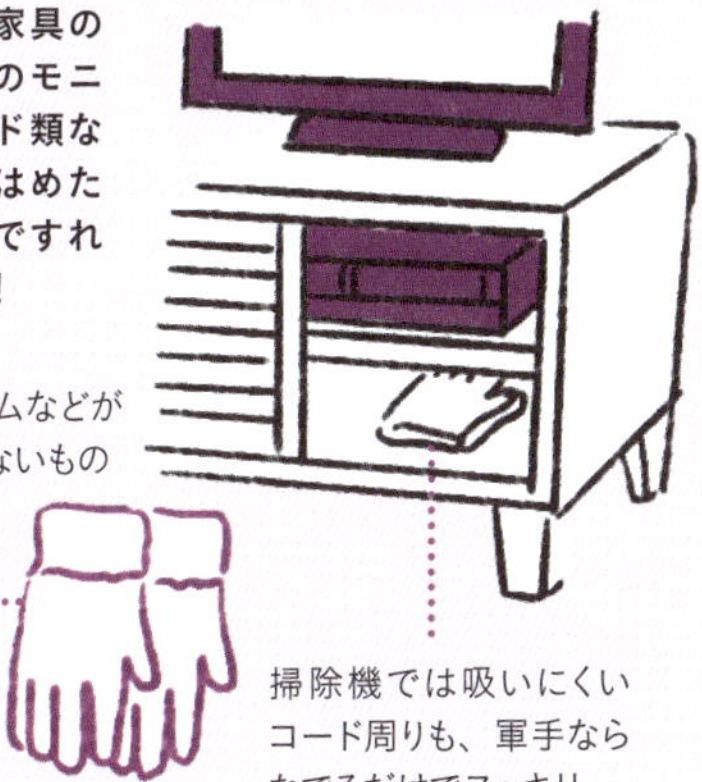

軍手はゴムなどが付いていないもの

掃除機では吸いにくいコード周りも、軍手ならなでるだけでスッキリ

左手に軍手で
雑巾いらず

軍手をしたまま掃除すれば、棚やカーテンレール、窓枠などのちょい拭きに便利

トイレにクエン酸スプレー

トイレのニオイや軽い汚れは、クエン酸スプレーだけでほぼOK。拭くのもトイレットペーパーを活用して。

○
目のつきやすい場所にしまう。
取りやすくても、見えていないとスムーズな協力はなかなかあおげません

×
床に置くのはほこりや汚れが付きやすい

いろいろ言っても片付けない！

「捨てますカゴ」に収集する

つかえるセリフ
「○月×日、カゴの中身を捨てますよ〜」

「共用部に個人のものを放置しないで」と何度言ってもダメな時は、「捨てますカゴ」を使ってみては？　放置された物をカゴに入れ、「○月×日にカゴの中身を捨てますよ〜」と伝えます。

プロセス①　まずは**声かけ**。「○月×日に、カゴの中の物は捨てるよ」と伝えます。この時大事なのは、自分の物はその本人が片付けること。こちらで片付けるのはNGです。本人がそのままにしておくなら、こちらもカゴに入れたまま手は出しません。

プロセス②　一向に片付かない場合は**貼り紙**で伝えても。あとで揉めた時のために、その貼り紙は捨てないでキープ。

プロセス③　それでも片付かない物は**捨てちゃいます**。捨てられて文句を言う人には貼り紙を見せて。これを**2、3度繰り返すと家族も学びます**。

捨てるのだって、ひとしごと

アイデアと
人手を募る
『これ捨てたい会議』

つかえるセリフ
「これ捨てようと思うんだけど」

物を捨てるって、意外に面倒です。まとめて捨てに行くのもそうですが、大物や家電の処分は、申し込みをしたり、当日の運び出しがあったり。

だから**片付けや処分をする前には**、「これ、捨てようと思うんだけど」と家族や友達に声をかけてみましょう。**「これ、捨てたい会議」**です。声をかけることで欲しい人が見つかるかもしれないし、「メルカリで売れるよ」という意見が出ることも。「代わりに売ってくれたら売上げはあげる」と交渉したり、「捨てないで！」と言われたら置く場所を一緒に考えてしまってもらったり。

そうこうするうちに、「いらないものを捨てるってけっこう大変だね」ということも家族に伝わります。そう、いちばん大事なのは、**いらない物は「勝手に出ていってはくれない」ことに気づくこと**なんです。

床掃除をマシンに任せちゃダメ？

お掃除ロボで家族全員ラクになろう

つかえるセリフ
「これが来てからゆとりが出たね」

まわりでも使う人が増えてきたお掃除ロボット。わが家も導入していますが、結論からいうとお薦めです。

作業のスピードはゆっくりですが、なんと言っても、**床掃除という家事から家族全員が解放されるのですから、素晴らしい。**家を出る時に「お願いね」とスイッチを入れておけば、帰宅時には掃除が完了しているわけです。性能的にも、掃き直しはしなくて十分なレベルです。

ただ、床に障害物があると止まってしまうので、床には物を置かないのが原則です。要注意はコード類。巻き込んで動けなくなっていることが時々あります。でもこのおかげで置きっ放しにするクセが減ったので、むしろプラスかもしれません。

雑巾掛けが億劫です

雑巾がけも
機械に任せていい時代

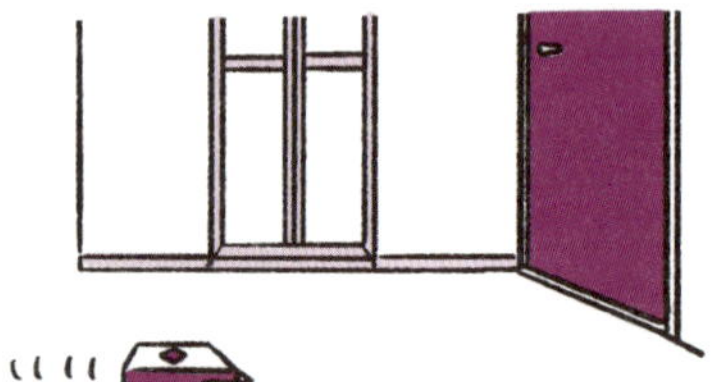

つかえるセリフ
「僕たちの代わりにありがとう」

掃除機ロボットだけでなく、フローリングの拭き掃除ロボットも登場しています。「そろそろ拭かなくちゃ」というプレッシャーがなくなるだけでなく、**はいつくばって床を拭く作業からも、雑巾の後始末という作業からも解放される**のは素晴らしい。購入する前にちょっと試してみたいという方は、メーカーや家電量販店での**レンタルサービスもお薦め**。月3千円程度です。

ミキサーやミシンのように、作業を一緒にしなければならない機械はともかく、スイッチを入れたら作業を完結してくれる機械は、気持ちの負担を軽くするのにかなり役立ちます。仕上がりにムラがないのも大きなメリット。**機械のおかげで、家族みんな笑顔で毎日が過ごせる**なら、必要なマシンは導入していきたいものです。

家事代行で掃除を頼むのはどうですか？

プロの掃除で家も長持ち

つかえるセリフ
「プロのほうが絶対上手いし安全だよ」

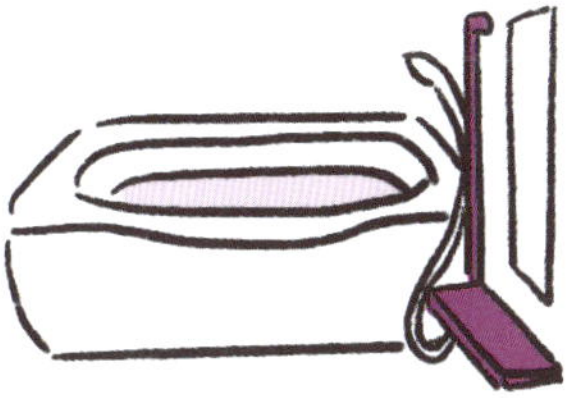

お風呂

鏡、水栓金具、照明器具、換気口表面、浴槽、ドア、排水口、小物、床天井などが対象

約2時間　1〜1.5万円

換気扇・レンジフード

内部ファンの分解掃除、カバーと本体の掃除が中心。2〜3年に一度でも

約2時間　1万円前後

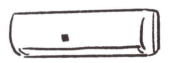

エアコン

化粧パネル、フィルター、内部の分解掃除、室外機掃除が中心

約2時間

お掃除機能ナシ1万円前後、お掃除機能付き2万円前後

調理、ベビーシッター、洗濯など幅広く依頼できる家事代行サービスですが、いちばんポピュラーなのは掃除でしょう。**なかでも満足度が高い**とよく聞く場所は3つ。**お風呂、エアコン、換気扇**です。

お風呂は、鏡のくもり、水栓金具のウロコやぬめり、天井の汚れなど、普段は手のまわらない場所まで可能な限り掃除してくれるのが嬉しいところ。ひどい汚れには業務用機械を使うケースもあるので、申込時に事前相談しておくとベターです。

エアコンや換気扇は、自力だとかなり面倒なうえ、安全面でも限界があります。**無理をせず年に1度でもプロに頼むのは、設備を長持ちさせるにもいい手**です。信頼できる業者さんに出会うまでは、キャンペーンなどを利用して数社試してみるのも一案です。

最近耳にする「シルバー人材センター」って？

自治体を介したシルバーさんも頼れます

つかえるデータ
シルバー人材センターで行っている仕事例

リビングサービス	椅子の張替え、網戸の張替え、電球交換、蝶番の取付け調整、カーテンレール取付け、そのほか簡単な大工仕事、刃物研ぎなど
技術を要する作業	除草・草刈り、庭木の剪定、障子・ふすまの張替え、エアコン・換気扇の清掃、農作業（種まき、水やり、収穫）、衣類のリフォームなど
家事援助	家事一般（掃除、洗濯、留守番）、調理、皿洗い、配膳、福祉（身のまわりの世話、話相手、介助）、育児（子守、送迎）、ペットの世話など
専門技術を要する作業	パソコン出張サービス（インターネットやプリンター、ルーターなどの設定、基本的な故障対応、各種 PC 指導）、経理事務など

※「あなたのまちのシルバー人材センター」http://www.zsjc.or.jp/center/anatano

「素人に安いお金で頼んでもねぇ」というご意見が意外に多いシルバー人材センター。なんとなく、安かろう悪かろうのイメージなのでしょう。もともと区や市が始めた事業なので価格は抑えめですが、彼らの多くは**元プロ、もしくはセミプロ**です。現役時代の職業を活かしたり、退職後資格を取る人などが多いので、**専門業者と比べても仕事ぶりに遜色ない**のでは、というのが私個人の印象です。

知人にもお風呂や水まわり掃除をお願いしている人が複数いますが、低価格でしっかりした作業をしてくれていると好評です。雑草抜きや植木の剪定などは定期的に頼むと便利ですし、包丁研ぎやペンキ塗りなど**専門的な業務メニューも豊富**。最近はニーズが増えて、予約が取りにくいとも聞きます。まずはウェブで近所のシルバー人材センターをチェックしてみてください。

散らかってるからホムパなんて夢の夢……

完璧に片付かなくても人を呼ぶことに慣れましょう

つかえるセリフ
「来週、友達呼ばない？ で、片付けよう！」

「週末、うちでごはんしない？」と**人を呼ぶのは、片付け・掃除のいい口実。**でも予定の日までに終わらない？ これじゃ呼べないからキャンセルする？ いえいえ、SNSで見る写真のようにキレイじゃなくても大丈夫。「散らかってるけど、どうぞ」「片付ける時間がなくて、ごめんね」と一声かければそれで十分ですから、約束は守りましょう。

そして一度人を呼んだら、**部屋が元に戻る前に、もう一回誰かを呼びましょう。**そうやって、片付けが完璧でなくても人を呼ぶことに慣れながら、最低限のキレイをキープする練習を。これをゆるくでも続けるうちに、気軽に人を呼べる程度に片付いた家が保てます。

だから、人を呼ぶと決めたら延期したりやめたりせずに、その日に向かって片付けに着手。**大事なのは、楽しいひと時を過ごすこと。お部屋自慢ではない**のですから。

Step 1

片付けるのは共用スペースだけ

まずはゴールをはっきりさせます。
目指すは「これならなんとか人を呼べる」最低ライン。
となれば、片付ける場所の優先順位が決まります。
手をつけるのは、お客様が通る・座る・食事する場所だけ。

優先順位1 リビング
いちばん滞在時間が長い場所。まずはここから片付けよう

優先順位2 トイレ
不要な物がないかぎり、片付けではなく掃除のみ。床の奥や足下などを日頃よりすこし念入りに

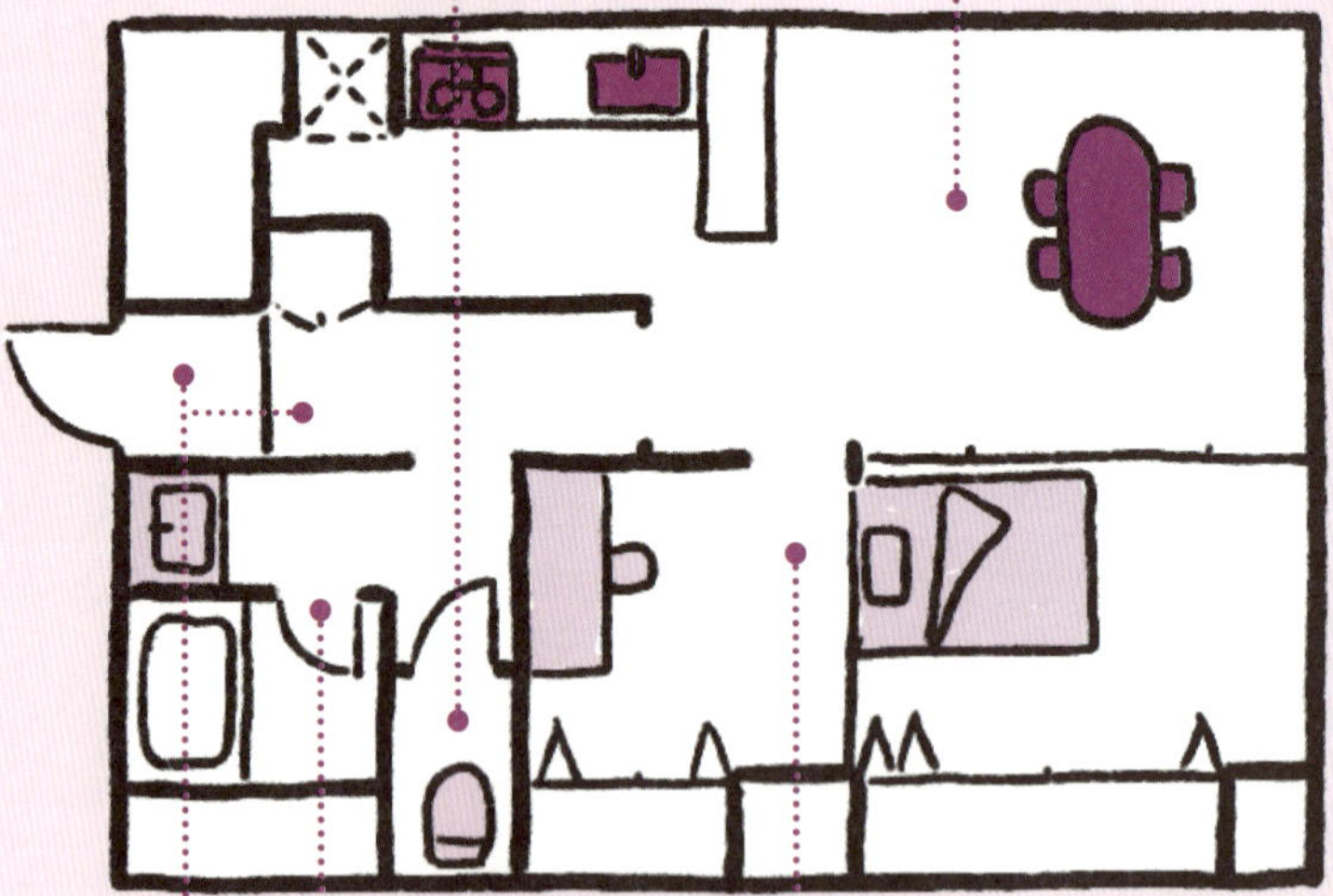

玄関と廊下
通るだけの場所なので、余裕がなければパスもアリ

優先順位3 洗面所
食事前やトイレ後など来客も使用頻度が高い場所。ただし、お手拭きを用意することで回避できなくもない

各自の部屋
来客には関係なし。片付け・掃除は個人に任せましょう

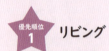

Step 2

個人の物をリビングから撤去

最初にして最大の難所、リビング。
まずは各自に袋をひとつ渡し、「自分の物拾い」を促します。

用意する物

- ☑家族の人数分の袋
- ☑大きめのカゴまたは袋

手順

1. 一人ひとつ袋を渡す。紙袋なら名前を書くのも◎
2. 捨てたくない私物をそれぞれ自分の袋に集める
3. 袋ごと各自の部屋へ移動
4. 持ち主不明の物はカゴ（または袋）へ

つかえるセリフ

「自分の物だけ集めてね」

自分の物だけと言うのがポイント。それだけでいい、という感覚が心理的ハードルを下げます

Step3

持ち主不明品のカゴに貼り紙

Step2で残った持ち主不明の物は、みんなの目につく場所に置いて期限を貼り紙。[〇月〇日に捨てます]と掲示して、期限がきたら本当に捨ててしまいましょう。脅しではないことを実体験させるのが大事です。

1

捨てますカゴに収集

誰が買ったの？
使っているの？
持ち主が特定できずにリビングに放置されている物は、一切合切このカゴへ

2

「捨てます期限」を貼り紙で

いつまでここに残っていたら捨てるか掲示します。
なお、この紙は証拠品。物の処分後しばらくは取っておこう

つかえるセリフ

「〇曜日まで残っていたら捨てますよ～」

本当に一度捨てられると、放置した本人も後悔します。だからその前に**何度か声がけして本気度を伝え**ましょう

Step 4

水まわりは出しっぱなしを減らす

洗面所とトイレは、お客様が気持ちよく
使えるよう出しっぱなしの物をなくします。
① 行き先があればしまう
② ほこりをかぶっている物は捨てる
③出し置きが便利だけれど見せたくない物は布をかけるで対処を。

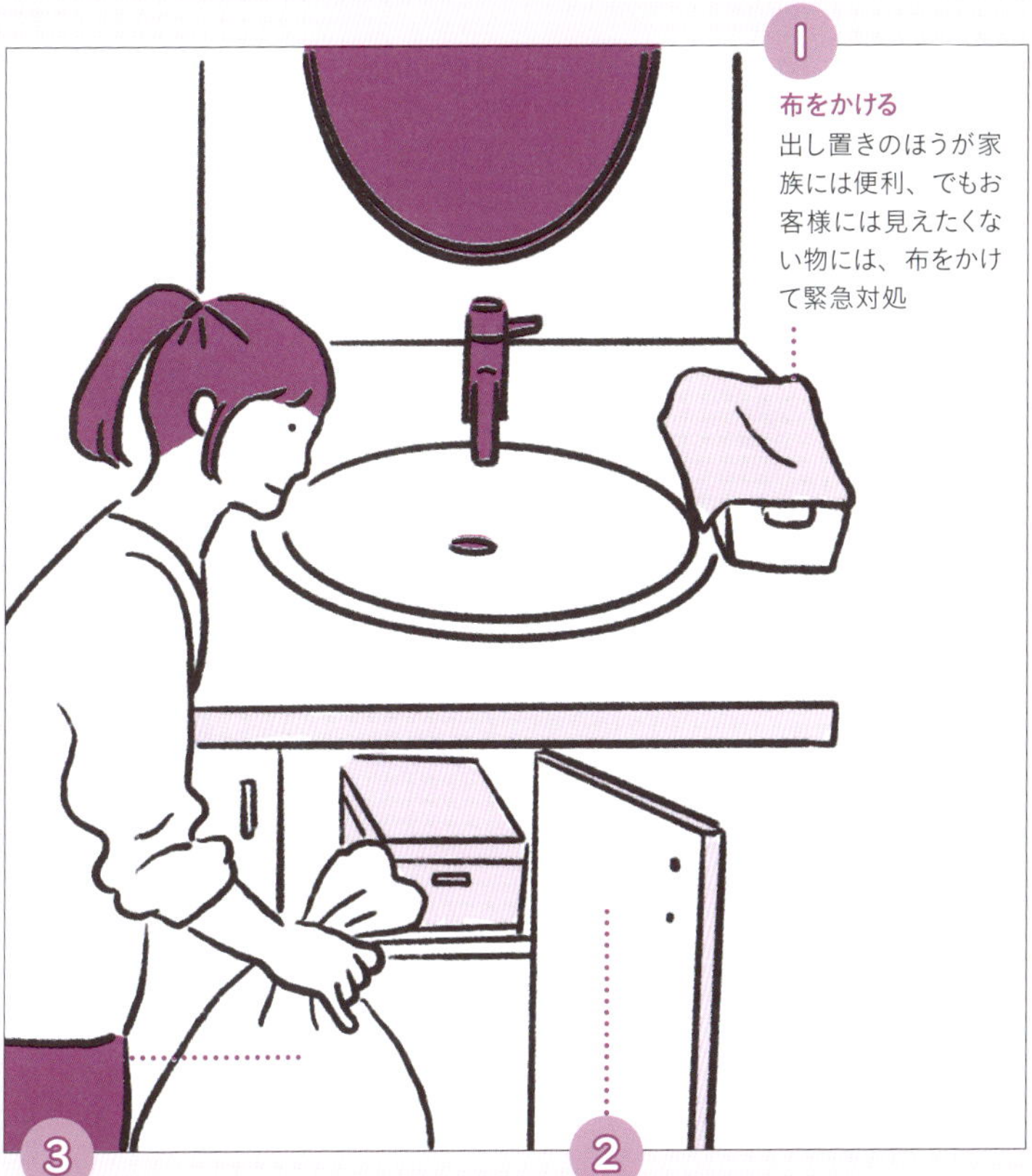

1
布をかける
出し置きのほうが家族には便利、でもお客様には見えたくない物には、布をかけて緊急対処

3
捨てる
いつ買ったか思い出せない物、ほこりをかぶった物、残りがほんのわずかな歯磨きなどを捨てるいい機会です！

2
定位置にしまう
行き先がある物はそこへ移動。ただ出しっぱなしなるということは、しまいにくい場所なのかも？　余裕があれば見直しも友達の家に呼ばれたら？

散らかった家に行っても驚かない練習をしよう

つかえるセリフ
「テキトウに座らせてもらいまーす」

よその家に遊びに行くのは、世の中いろいろな家があるのを実感するのにベストな方法。よく片付いた家もあれば、「うちよりよっぽど……」と感じる家もあるでしょう。大事なのは、たとえどんなに整ったお宅にお邪魔しても、**「うち、ダメじゃん」と落ち込まないこと**です。（扉の向こうは大変なことになっているかもしれないし）。

逆に「うちより散らかっている」と思ったお宅から戻ったら、一日を振り返ってみましょう。おしゃべり、料理、音楽や写真……。みんなで楽しい時間を過ごせれば、客としてはそれで十分いい思い出になっているのでは。

家の散らかり具合って、呼ばれる側は実は呼ぶ側ほどに気にしてなかったりします。そう思えると、片付けられない時の自分も責めなくていいんだなと思えてきます。

お薦めアイテム

うるおい 洗濯せっけん ／ヱスケー石鹸株式会社 P.125

酸化防止剤、香料を使っていない無添加洗濯石鹸。粉石鹸＝洗濯用というイメージがあるかもしれないが、軽くスポンジに泡立てれば、壁や椅子の手垢などの住居の汚れから、食器、もちろん衣類の洗濯まで幅広く使える。

詰替用1kg・712円

ナチュラルクリーニング 詰替えスプレーボトル／LEC P.125

400ml・350円前後

クエン酸など粉末状の洗剤を水に溶かしてスプレー液をつくる時のお薦め容器。全体に吹きかけるときは霧状に、汚れを集中攻撃するときはまっすぐに、2段階に切り替え可能。真っ白で無駄のないパッケージなのでインテリアを邪魔しません。

ポリプロピレンケース引出式・浅型 ／無印良品 P.128

A4サイズも入るサイズで、重ねることもできる引き出し収納。ハンカチやタオルもたたんで入れればキレイに収まる深さがあり、外出用の小物や郵便物を入れておく収納にもピッタリ。同シリーズで深さ9cmの薄型もあり。

890円

家事を助ける

5連フックレバー式吸盤「ラックス」／アスベル株式会社　P.128

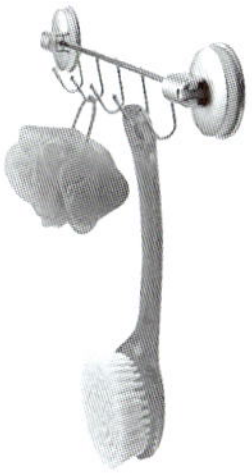

1,200円前後

タイルなど凹凸のない壁なら、簡単に取り付けられる強力吸盤式の5連フック。耐荷重5kg（フック1本で1kg）なので、ヘアゴムやブラシ、歯磨き用コップなどはもちろん、ドライヤーなど多少重たい物を掛けても大丈夫。

家電レンタルサービス「レンティオ」Rentio　P.136

ロボット掃除機「ルンバ」や床拭きロボット「ブラーバ」など、ちょっと高価だけど気になるガジェットがレンタルできるサイト。1日単位から月極、気に入ったら買取できるプランなど様々あり。購入する前にまずは試用したいという人にもお薦め。

公益社団法人 全国シルバー人材センター事業協会　P.140

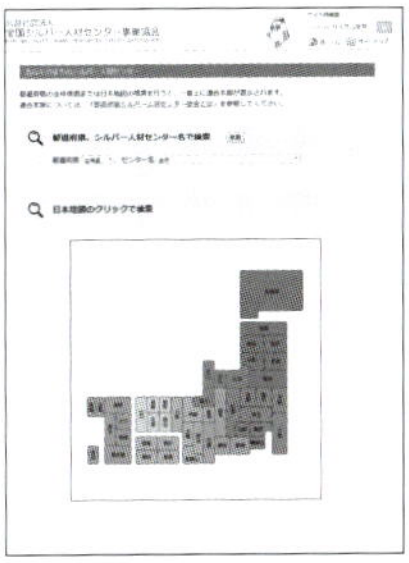

全国のシルバー人材センターで対応可能な仕事を検索、問い合わせ窓口を検索できるサイト。「発注のご案内」から、発注希望エリアの窓口が検索できる。ひとつの市・区でもいくつか分かれていることもあるので、依頼・相談の際は要確認。

第3章

洗濯・アイロンのワンオペをなくす

「洗っといて」って、洗うだけじゃないじゃない？

洗った後も「洗濯」です

つかえるセリフ
「洗っとくから、あとはお願い」

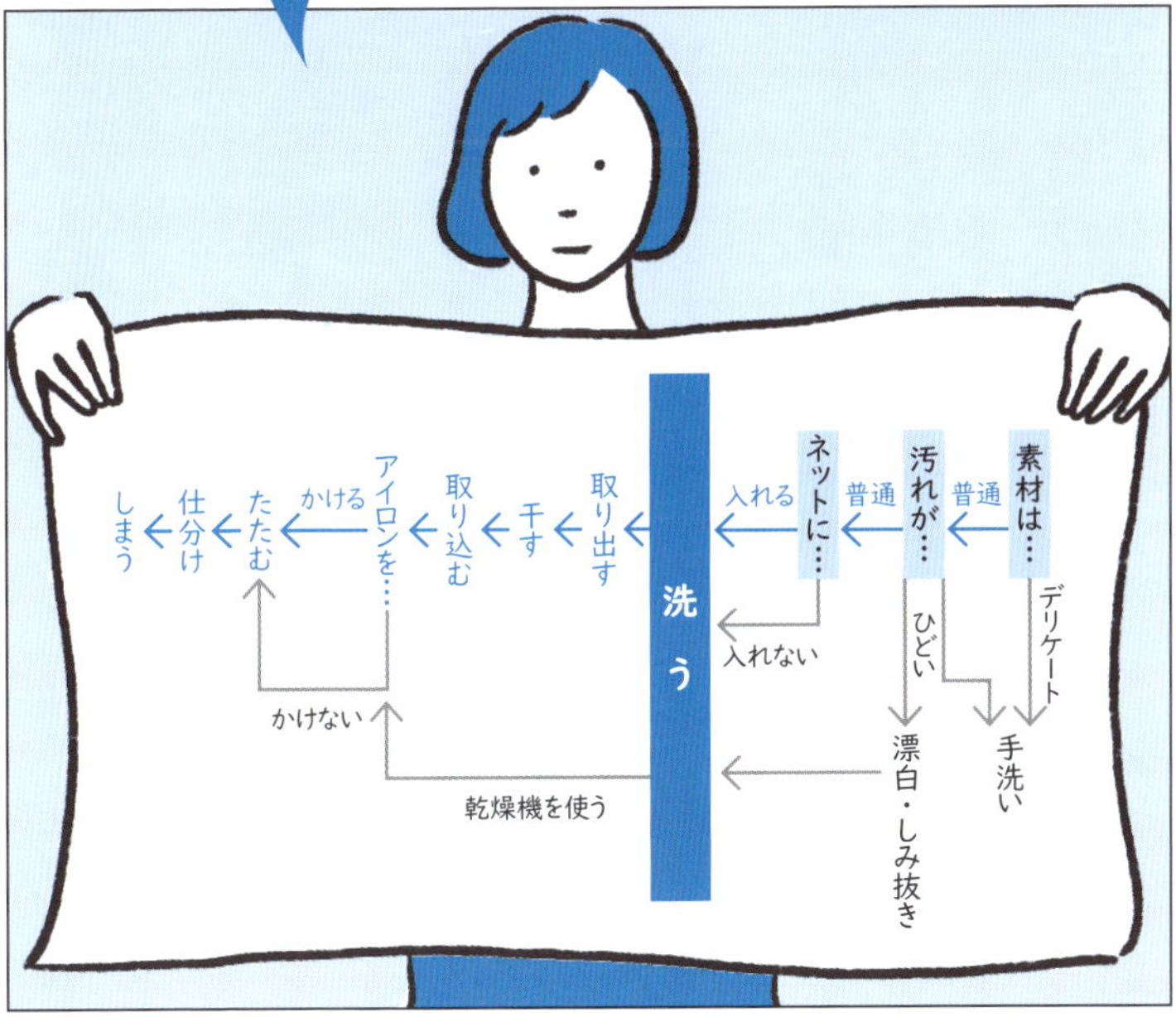

洗濯が大変だと言うと、「なんで？ 洗濯機がするでしょ」と返してくれる人がいます。洗うだけなら確かにそう。でも実際は**そこからが長いわけです。**

今度**「洗っておいて」と言われたら、「了解、じゃあそのあとはお願いね」と返してみる**のはどうでしょう。「なんでだよ！」と相手が機嫌を損ねたら、「大変だったら、干すのは手伝うから、言ってね」と手伝ってあげる側にポジションをお引っ越し。一方的に押し付けているのではなく、**「やることがたくさんだから、手分けしよう」というフラットな姿勢**がポイントです。

そして、怒りながらも、洗い上がり後の作業をしてくれたら。干し方が……なんて小言は飲み込んで、ありがとうと労いを。分担できたんだから結果はオーライ。**相手の機嫌は気にしないのが、ワンオペ脱出の肝**です。

次から次に続く洗濯、どう分担？

洗濯はプロセスごとだと分担しやすい

つかえるセリフ
「たたむのだけやってくれない？」

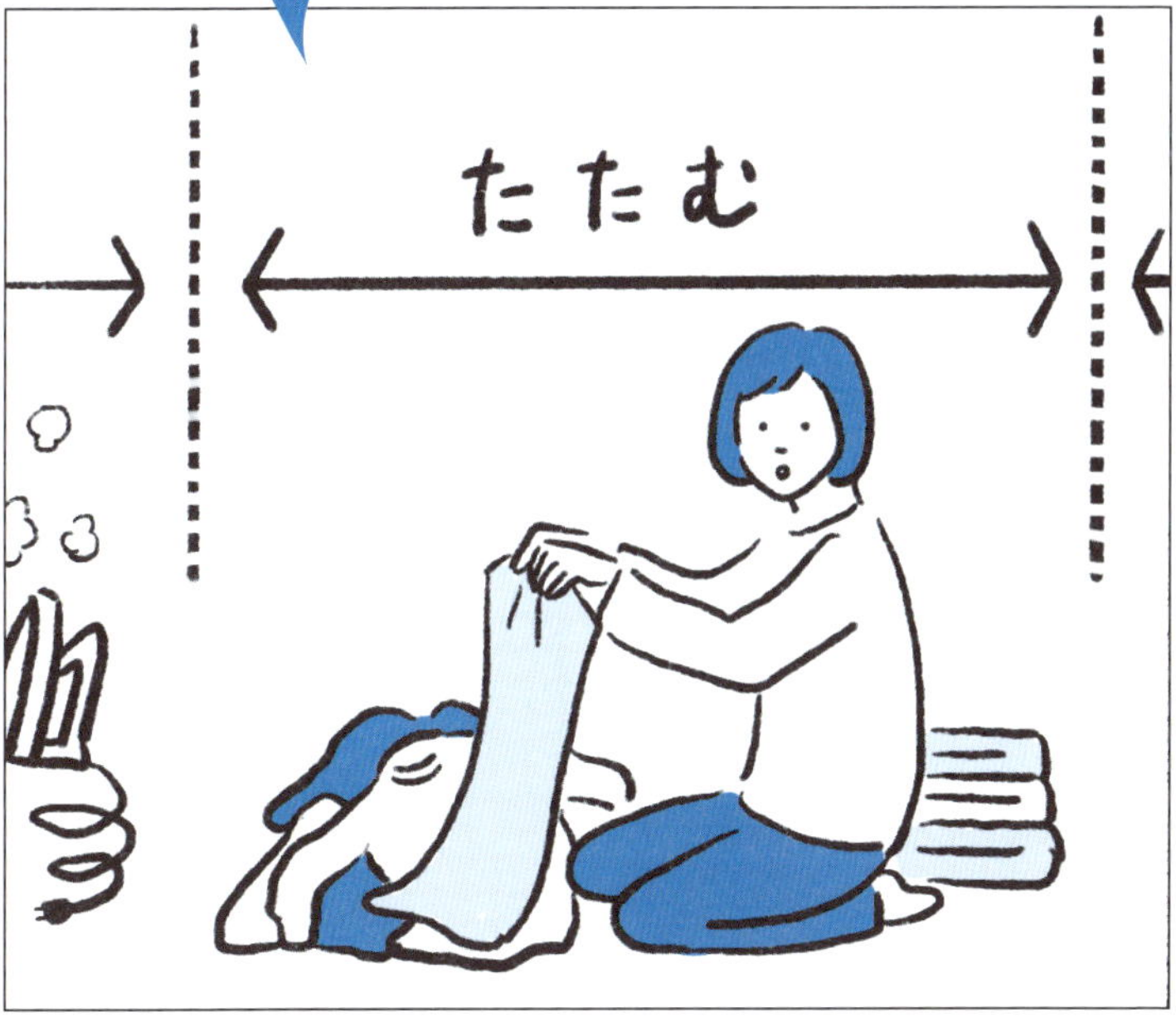

洗濯は、洗濯機をまわしてから洗い上がり、干してから乾くまでと、作業と作業の間に時間が空くのも特徴です。洗濯機終わったかな、そろそろ乾いたかな、と気にしていると本当に一日作業。でもどうせ**ブツ切りの作業なら、そもそも、すべてを同じ人がする必要がありません。**洗濯機をまわす人と干す人、干す人と取り込む人が違っても、何の不都合もないのです。

そういった意味では、**洗濯はとても分担しやすい**家事。「たたむのだけやってくれない？」と持ちかけてみたら、実は自分よりたたみ上手、なんていうこともありえます。現に、「たまにたたむとダメだしされるから、もうたたまない」と苦笑する知人もいるほどです。

外に干すのも、休日ならやってあげるという声があがったりもしそうです。**部分的にでも渡せれば、気持ちがだいぶ変わります**よ。

スイッチ入れるだけなのに……

プチ作業も
家事にカウント

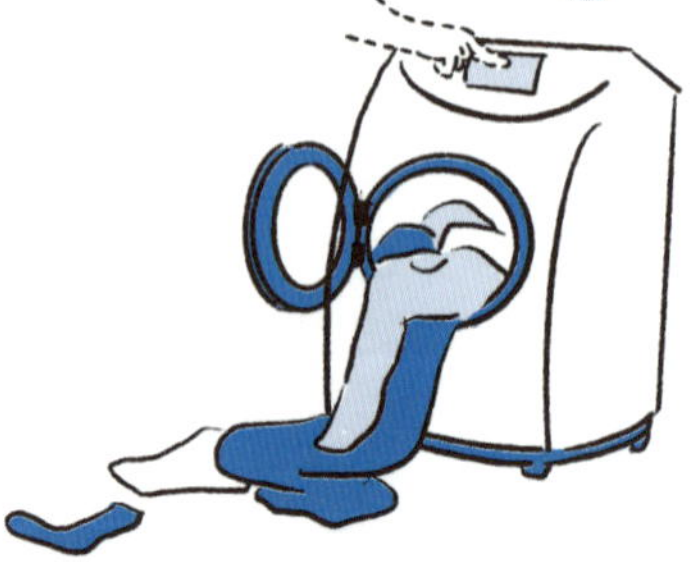

つかえるセリフ
「洗濯機、炊飯器、どっちかのスイッチ押してくれる？」

「洗濯なんてスイッチ押せば終わりじゃん」。その通り！　だから、ぜひお願い……と言っても一向にしないパートナー。そんな一手間は家事ではないと思っている？　でも実際には、その一手間が積もると山になるわけで。

そんな時は、**洗濯機のスイッチを押すのと同じくらい簡単な作業と二択で依頼**してはどうでしょう。たとえば、「出社前に洗濯機まわしてくれる？　炊飯器のタイマー入れてくれるんでもいいけど」という具合。「帰ってきてからお風呂のスイッチ入れておいてくれるのでも助かるよ～」とさらに選択肢を増やしてみると、**そんな作業もあったのか、とシェアするチャンス**になりそうです。

目的は家事全体のシェア。洗濯機にこだわらなくてもいいわけです。**「何かひとつやってくれれば、どれ選んでくれてもいいよ」**という立ち位置で、交渉してはどうでしょう。

乾いた後は、どう分担？

乾いた先は
各自にパス

つかえるセリフ

「この後は各自でやってほしいなぁ」

洗濯の工程を改めて眺めてみると、**「他の人の分をついでにやっても手間が変わらない」工程は、「洗濯機をまわす」だけ**。片付けの発想を応用するなら、「洗濯機をまわす」は共用部分。洗う前と乾いた後の作業は「専用部分」に相当します。共用部分の作業は誰かが引き受けるとしても、専用部分をどこまで踏み込んでやるかは考えどころ。

これに関して素晴らしいと思ったのが、アメリカの人気ユーチューバーセーラ・ムワニアさんのアイデアです。9人の母である彼女の「洗濯」は、洗濯機と乾燥機をかけて、衣類を各人のボックスに投げ込むまで。その先の、**たたむ、しまう、アイロンなどはすべて各人が担当**します。たたみ方もしまい方も、もちろん本人次第。「自分の服は自分で管理」を習慣にするためにも、とてもよい方法だと感心してしまいました。

これ、ネットに入れる？　入れない？

洗濯ネットは「自分のために」で自然とたまる

つかえるセリフ
「自分で入れたほうが確実だよ」

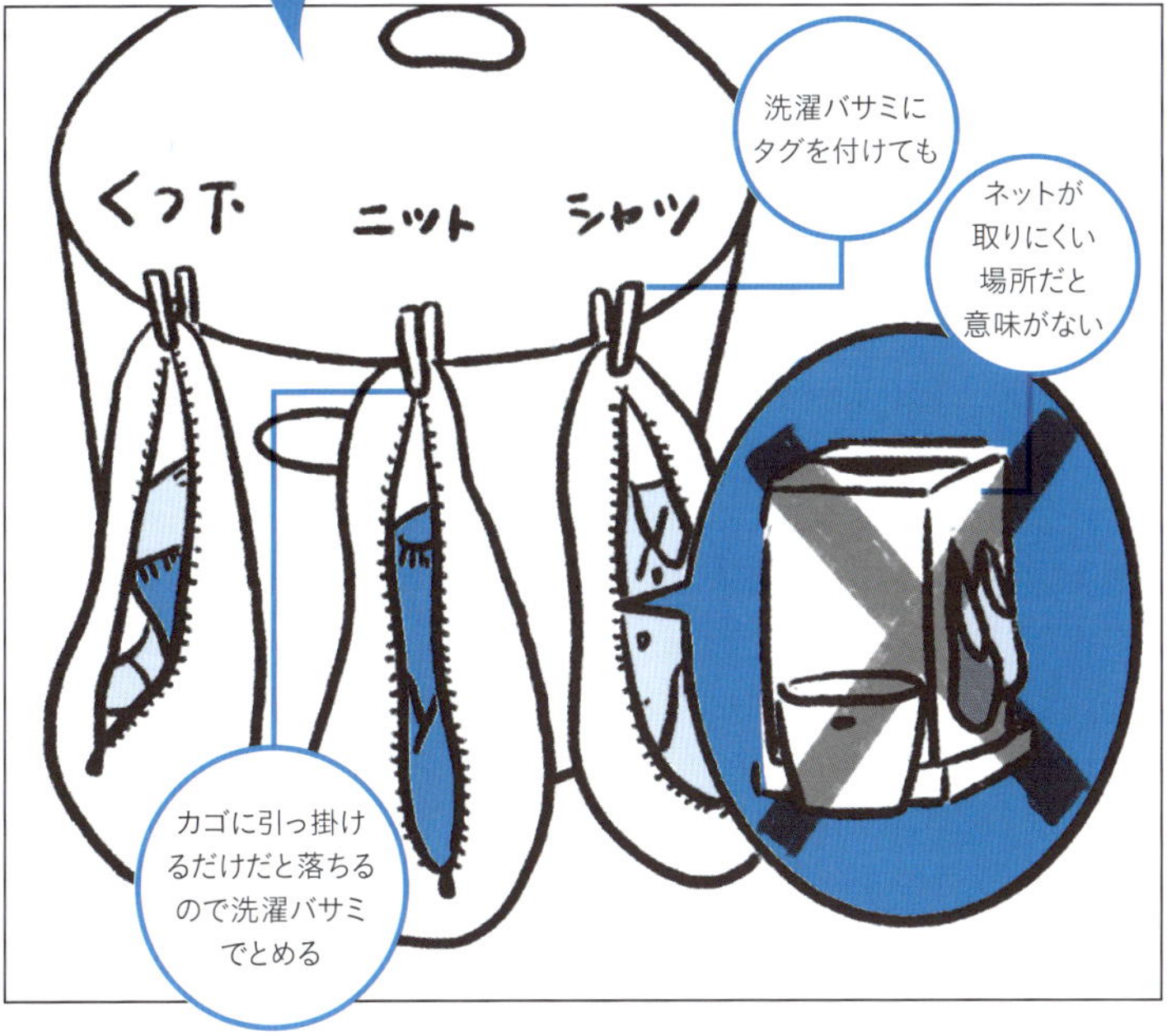
くつ下
ニット
シャツ
洗濯バサミにタグを付けても
ネットが取りにくい場所だと意味がない
カゴに引っ掛けるだけだと落ちるので洗濯バサミでとめる

一度脱衣カゴに入った服を、デリケート素材や伸びてほしくない物だけ掘り出してネットに入れ替える。地味だけどそれなりに手間がかかる作業です。なんとかセルフサービスにすべく、わが家では**脱衣カゴにネットをとめるようにしてからサイクルがうまく回りだしました**。脱いだら各自がネットに入れる→洗濯機をまわす人がファスナーを閉めて投入。私がひとりで分別する手間も、ましてや「ネットに入れてくれなかったから伸びた！」なんて文句を言われることも消えました。

この**新習慣がうまくハマった理由は、メリットを具体的に伝えたため**だと思っています。「靴下がセットのまま洗えると、片方探すことが激減するよ」「セーターはネットに入れて洗ったほうが、袖が伸びないよ」。**誰しも自分にメリットがあるとなれば、自発的に動いてくれる**のです。

この服は、洗ってもらう前提か？

自分で洗える服だけ買おう

つかえるセリフ
「洗濯機で洗えないなら、なんとかしてね」

ラクちん洗濯は買いものから。 手洗いの必要なシルクやウール、「色落ちの可能性あり」の衣類は、洗濯機にポイできませんから。

家族にも手洗いしないとアウトな衣類の見分け方や、「しわしわで着るのがイヤな服は自分でアイロンかけてね」といったことを伝えましょう。もし「クリーニングに出してくれればいいよ」という返事が返ってきたら、「じゃあ、普段使っているところ教えるから、持って行ってみて」とカードを渡せばいいのです。洗濯機で洗えれば一緒に洗うけど、別途手間のかかる服は、着るなとはいわない代わりに**私にケアを押しつけないでね、とやんわり態度で示します。**

ちなみに**洗濯表示マークは2016年に改定**されました。「無料アプリもあるから確認してね」と家族に薦めてみるのも一案ですね。

揉み洗い撲滅作戦

揉まず、こすらず、過炭酸ナトリウムを混ぜた石鹸液に数時間つけるだけで、靴下の土ぼこりや襟・袖の黄ばみ、食べ物のシミ等の頑固汚れもスッキリ。技術も作業もいりません。

❶いつも使う量の**洗濯洗剤**を**30~40℃のお湯**でよく溶き、
❷**過炭酸ナトリウム**を大さじ1～2入れて
❸衣類をつけ、数時間置く→そのまま洗濯機に入れ通常洗濯

娘がまだ小生意気な頃、シミが残ったシャツを差し出し「キレイにならなきゃと着ない！」と揉めたことがありました。「汚したのはあなたでしょ」とこのつけおきを教えると、びっくりするほどキレイに。液を作っておけば、つけるのは小さな子でもできます。汚し屋さんがいる時期は、「(自分で) つけておいてくれれば、あとは洗うよ」が、わが家の合い言葉でした。

絡まり現象撲滅運動

「服同士の絡まりをほどくのがストレス。
それが理由で洗濯嫌い」という声も聞きます。
でも洗濯機に入れる際にちょっと気をつけると
随分と緩和できるもの。
絡まりそうな服を着た人が
脱衣所へ行ったら、ひと声かけて周知しましょう。

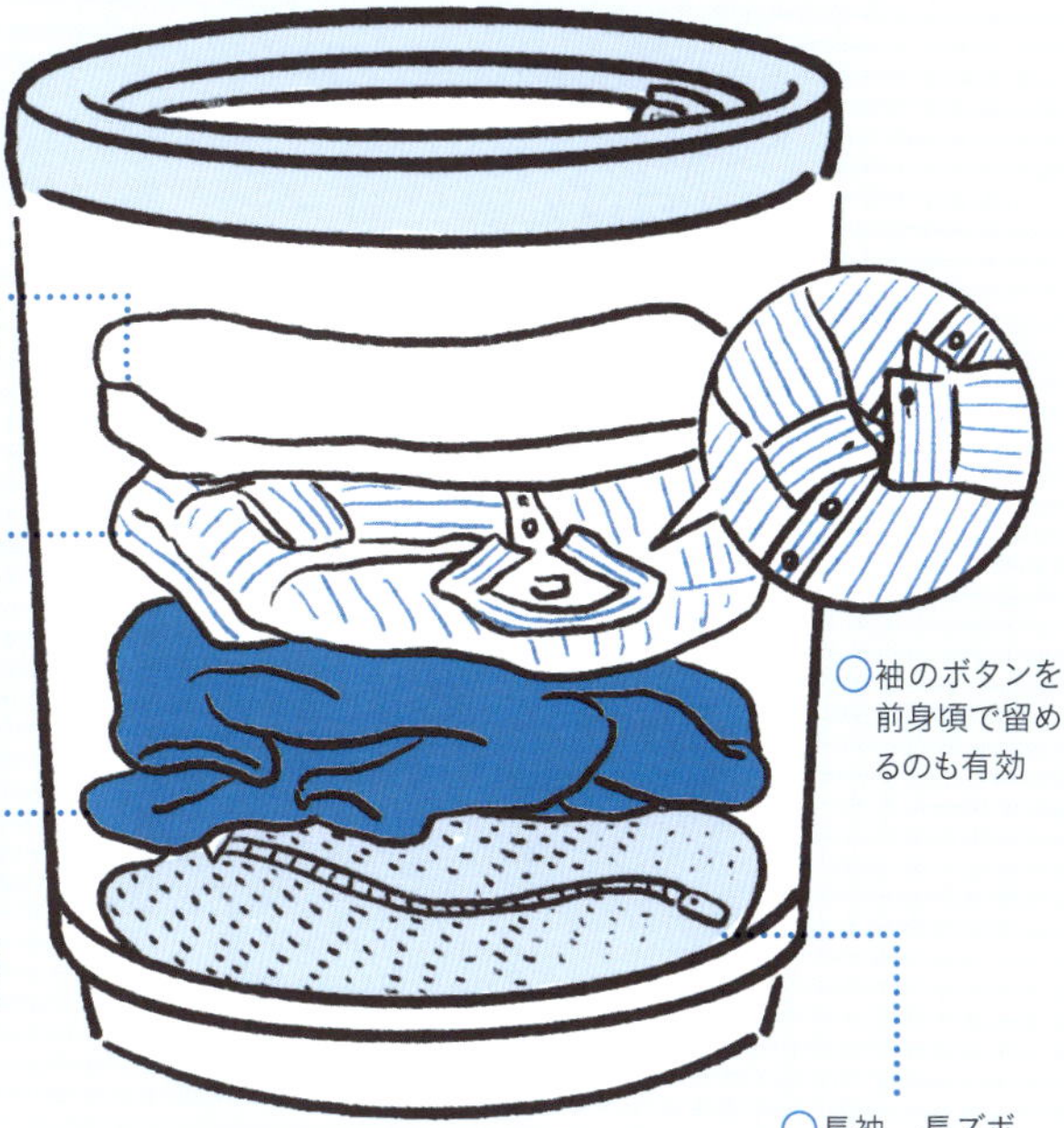
○入れるのは洗濯機の8分目くらいまで
○1枚ずつふわっと積むように
×ぐちゃっと脱いだままの形で入れない
○長袖、長ズボンはネットに

洗い上がった洗濯物を引っぱり出して干すのは面倒なのでしょう、わが家では大変不人気な家事のひとつです。無理に引っぱり出して長袖のTシャツが片袖だけ伸びちゃったり、足よりだいぶ長いタイツになっちゃったり。力任せにするとろくなことが起きませんから、洗濯機に放り込む前に一工夫。服の傷みも干す手間も格段に減らせます。

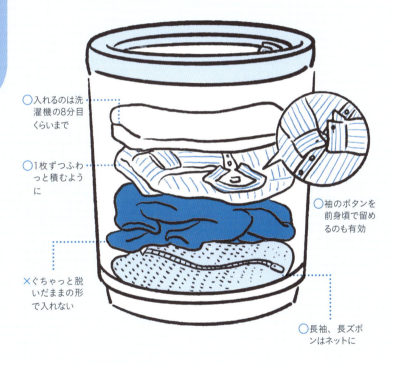

ふきんとパンツ、一緒に洗うのイヤなんです

「こうしたい」は理由を説明する

つかえるセリフ

「雑菌が気になる物と、食器に触れる物は分けたいの」

ふきんと下着を一緒の洗濯機で洗われて大喧嘩したという友人がいます。「どうせ洗うんだから変わらない」というお連れ合いと、「気持ち悪いからイヤだ」という友人。残念ながら、**気持ち悪い、汚い、キレイといった感覚は、人によって違います。**自分にとっては当たり前でも、家族からしたら単なるこだわりに見えるかも。逆の立場をイメージすると、納得できなくもありません。

こういう時は、**怒りをぶつけても逆効果。**変えてほしい**理由だけさらりと言うのが得策**です。たとえば、「下着は雑菌が多いから、ふきんにそれが付くのが心配」と伝えると、「じゃあ、どうするのがいい？」から次の会話が始められます。人に家事を任せる時は、その方法も含めてお任せするのが基本ですが、**「こうしてほしい」がある時は、理由を説明**してみましょう。

言い方を変える

やる側だって、良かれと思ってしています。
相手を責めるのではなく、なぜそのやり方を
変えてほしいのか、**理由をシンプルに伝えましょう**。

Point 相手自身にも不利益になることが伝わるとさらに◎

やり方を見せる

百聞は一見にしかず。**失敗しない方法を実際にやって見せる**のも効果的。ただし１回目の後は「ありがとう」にとどめておいて。初回で鼻を折られたと感じると、次に繋がりにくいです。

予防策をやって、
効果を見せる

やってくれている
脇から口だけ出す

Point 伝えるのは、2回目にやってくれる直前が◎

自分の分は自分で

相手の希望レベルが高くて付き合いきれない、
何度やっても私のやり方では納得がいかないらしい。
そんな時は手を出さず、本人に任せて。
こだわりがある家事は、その人がしたほうが平和です。

Point すぐ取りかからなそうな時は、本人の陣地へ移動

Point

- こだわりのある人の分は本人に任せる
- いつ、どんなふうに、どれくらい時間をかけるかなども口出ししない

「夫」は、幸せの構図のどこにいる？

おしゃれな主婦のイメージの強かったVERYで、「働くお母さんはもっとハッピーになってい い！」という特集が登場しました。仕事と子育てで分刻みの、綱渡りのような日々。「ままならない日常に泣きたくなることもあるけれど、子どもがいて、仕事がある。それって、やっぱり、幸せなことじゃありませんか？」から始まる特集です。が、いや待てよ。**「子どもがいて、仕事がある」のは幸せ？　「夫」は、幸せの構図のどこにいるの？**

子どもが生まれてから「仕事と子育てで分刻みの綱渡り」の生活が始まるのは女性です。子育てを通して、女性の家庭人としての地位と経験値は、うなぎ登りにアップする一方、夫の家庭人っぷりは、地位も経験値も下がらなければ良いほうで、上がることは期待もされていない……のが、今の日本の現状ではないでしょうか。

一緒に住み始めた当初は、どちらも家事経験はゼロに等しかったはず。ところが、家事と子育て、仕事をこなし続けるうちに、妻の家事能力はそれなりに進化していきます。**家事能力だけならいいけれど、綱渡りの日々が磨き上げた精神力や判断力はいつの間にか、夫のそれを遙かにしのぎ、妻ばかりが成長を続けることになりかねません。**以前、話題になった「赤ちゃんの1才はママの1才」というおむつのCMではありませんが、下手をすると、子どもが小学校に上がる時には「娘の6才はママの6才、パパは赤ちゃんのまま」

なんていう笑えない事態も起こります。

日本に暮らして長いアメリカ人の知人（男性）は、日本人女性と結婚したまわりの外国人男性の話を聞いて、「日本の女性は結婚すると、夫の母親に豹変するらしいね」と言います。子どもの頃から母親が家事を仕切るのを見て育つせいか、家のことは私がやらなければという責任感の強い日本の女性たち。それが、外人夫の目には「母親に化けた」ように映るのかもしれません。そして、子どもが生まれて本物の母親になると、その地位はさらに確固たるものになり、夫は長男のような存在に？

いやいや、**夫は生活を共にする相手ですもの、子どものように世話をする必要はないでしょう。そう考えると、家の中をきちんとまわすことへの責任感を一人で背負わず、肩からおろす練習を、日本の女性はしてみてもいいのかもしれません。**彼が家に帰ってきて、ごはんができていなくても責任を感じて謝らなくていいのです。あなたが仕事で忙しかった時、私も子どもの世話で忙しかったんだからお互い様。「手が離せないから買ってきて」もありですが、「今日はもう疲れちゃって作れない」と言ってみる手もありでしょう。その先は考えてもらえばいいのです。なんとかしてくれるでしょう。

だって、彼はあなたの子どもではなく、パートナーなのですから。

家の中をきちんとまわす責任感を肩からおろす練習、してみません？

Data：光文社VERY 2018年7月号『働くお母さんは、もっとハッピーになっていい！』180名を超える働くママたちにアンケートを実施した特集。

外干し、なかなかできません

部屋干しは除湿機を味方に

つかえるセリフ
「室内ならいつでも（君も）干せるよね」

ハンガーに干せば
そのまましまえてラク
風が通るように間隔を空けて
洗濯物の高低がアーチになる
ように干すと風通しがいい
除湿機は洗濯物の
すぐ下に

外に干すのが理想ですが、仕事や育児やお天気都合、そもそも一日でいちばん忙しい朝に干すこと自体、容易ではありません。そこで頼りになるのが除湿機です。かなり水を吸うので、買う時は大きめのものが◎。使い方のコツは次の通りです。

ポイント① 洗濯物はしっかり脱水してから

ポイント② 適度な間隔をあけて干す。できれば洗濯ピンチよりハンガーのほうが間隔をとりやすく、そのまましまえる点でも○

ポイント③ 洗濯物のすぐ下に除湿機を

ポイント④ 同時に扇風機を稼働させると効率アップ

また、除湿機を使う場所は、脱衣室など狭くて湿気の少ないところのほうが効率的に湿気を吸い取ってくれます。

干すのをやめる手はないですか？

置ければ迷わず乾燥機

つかえるセリフ
「誰も干さなくてよくなるよ」

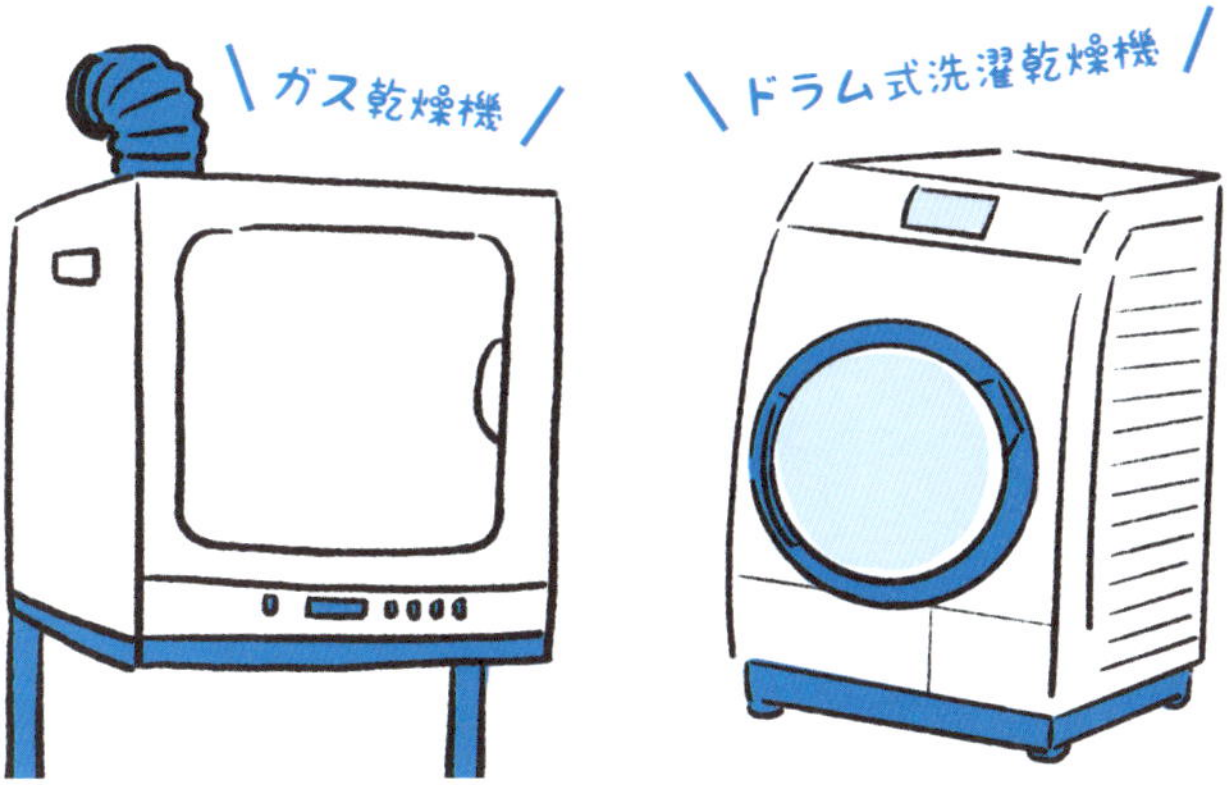

- 乾きが速い
- 仕上がりがふわふわ

注：ガス環境と置き場所を確認

- 洗濯→乾燥がノンストップ
- 二台置くより省スペース

注：諸費用が割高。湿気が室内にこもりやすい場合も

置く場所があれば、**乾燥機やドラム式の洗濯乾燥機の導入を検討する手も一案**です。**ドラム式の洗濯乾燥機なら**、途中で洗濯物を出したり入れたりせずに、**乾燥まで一気に終わる**という手軽さが最大のメリット。一方で、室内に水分が放出される構造のため、湿気がこもるという話も耳にします。使い勝手や置き場所を検討しながら、慎重な機種選びをお薦めします。

その湿気対策という意味では、**ガス乾燥機**もお薦めです。設置工事は必要ですが、湿気を外気に逃してくれるうえ、**高温・短時間で乾く**のも魅力。欧米ではメーカーも機種も多様なのですが、なぜか日本での普及はいま一歩。費用的にもドラム式より優れているので（P.179）、もっといろいろな種類が安価で販売されるようになることを願ってやみません。

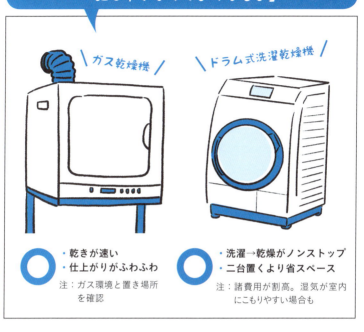

乾燥機を買う以外、道はない？

コインランドリーは優秀です

つかえるセリフ
「上手に使えばコスパ的にもいいかんじ」

	ドラム式洗濯乾燥機	ガス乾燥機	ヒーター式電気乾燥機	コインランドリー	
本体価格	150,000円	124,660円	55,000円	0円	週2回の利用にすると……（大物や厚手のもの等がある時のみ利用）
3～4kg乾かす時の所要時間	洗濯～乾燥で約3時間半	1時間弱	約3時間～4時間15分	20～30分	
1回にかかる費用	85円	85円	90円	200円	
週4回使うと	340円	360円	360円	800円	
1カ月で	1,360円	1,440円	1,440円	3,200円	1,600円
1年で	16,320円	17,280円	17,280円	38,400円	19,200円
10年で	163,200円	172,800円	172,800円	384,000円	192,000円
廃棄費用	2,484円	2,484円	2,484円	0円	0円
10年で	315,684円	299,944円	230,284円	384,000円	**192,000円**

（出典：ライオン株式会社運営サイトLidea「部屋干しのポイント電気代と時間を節約！乾燥機の上手な使い方」）

乾燥機を置くのが難しいお宅は、**必要な時だけコインランドリーに頼るという手も**あります。室内に湿気がこもる心配もないので、梅雨時期や、結露の気になるお宅では、部屋干しするより衛生的にもお薦めです。

コインランドリーは一般的にガス式で、家庭用より大容量かつパワフル。タオルやパーカー、シーツ、綿毛布、布団カバーなど厚手の物や大物だけ利用するのも一案です。ちなみに、ダニは50～70℃で死滅するといわれます。ガス乾燥機は60～80℃の温風で乾かすので**ダニ対策にも効果的。おむつの大腸菌なども、ガス乾燥機にかけると繁殖しない**といわれています。

最近では、Wifiが使えたりカフェが併設されたりと、設備もかなり進化しています。家族とお散歩がてら利用したり、短時間一人になりたい時に使うのもよいのでは。

たたむ元気が残ってません……

「たたむ」まで外注してみない？

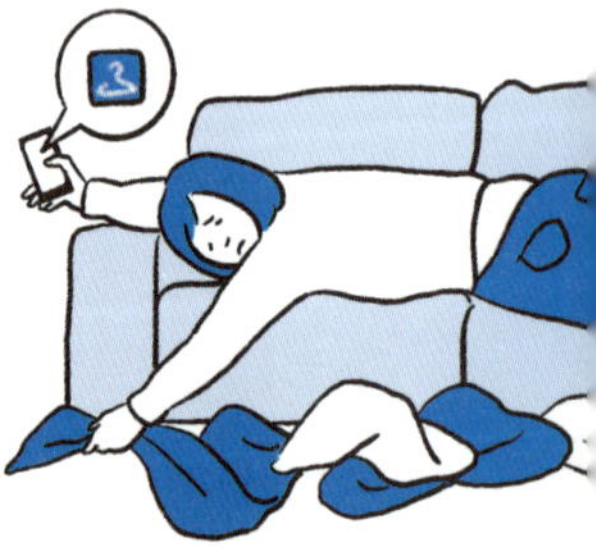

つかえるセリフ
「今週はプロにヘルプしない？」

以前、ニューヨークのコインランドリーに関する仕事をしました。その時、印象的だったのが、洗濯物をたたんでくれるサービスです。出社前のビジネスマンが袋に入れた汚れ物をカウンターで渡すと「お預かりします」と店員さん。**洗濯物を洗って乾燥、キレイにたたんで戻してくれる**のです。

「毎日でなくても、使いたい日あるよなぁ」と思いながら見ていたら、なんと日本でも同様のサービスが始まっていました。日本では洗濯代行という名前で急速に普及中で、店頭に持って行くだけでなく、**宅配やアプリからの集荷が可能な店も**増えています。あらかじめ専用の袋を買い、そこに汚れ物を詰めて送ると、洗ってたたんで送り返してくれるというもの。忙しくて洗濯まで手がまわらない、体調が悪いからすこし休みたい。そんな時に利用してみたいサービスです。

いつまでたってもアイロンがけが苦手です

アイロンは必要を感じる人がかける

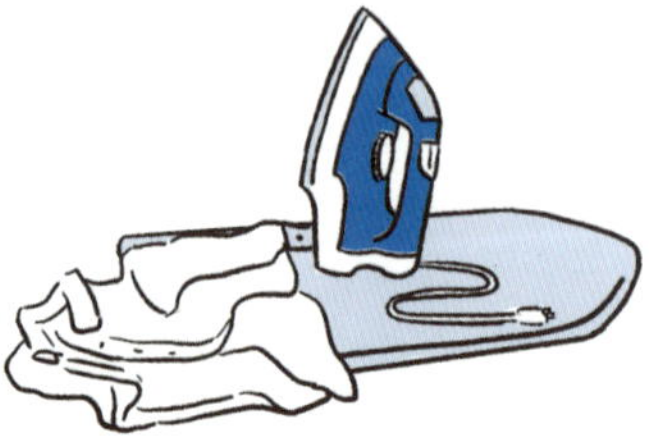

つかえるセリフ
「かけてくれるなら、大賛成♡」

子どもの給食着にアイロンをかけるか否かで夫婦喧嘩になった、と友人夫婦。「自分はシワシワの給食着でイヤだったから子どもにはかけてあげたい」と言う夫と、「疲れをおしてまでかけなくてもいいんじゃない？」と言う妻。結果的には、「かけてあげたい人がかければいい」と友人が提案し、以来、夫君がアイロンをかけることになったそう。

アイロンが必要だと思うかどうかは、意外と**個人差があります**。もうすこし言うと、かける人とかけてもらう人では、必要性の感じ方にずいぶん差がありそう。必要だと感じる人が、必要性を感じない人にかけさせているとしたらおかしな話です。「アイロンは洗濯のオプションとします」と宣言し、これからは**かけたい人がかけたい物に自分でかけることをルールに**しませんか。

家に乾燥機が……あれば

電気

[ほぐしてから乾燥]

洗濯が終わったら一度止め、絡み合った服をほどいてから乾燥開始。丸まった服も伸ばしてから乾燥すればシワ予防に

[10分だけ乾燥してから干す]

完全に乾かしきらず、10分程度だけ乾燥→やや湿った状態で干すと、繊維が柔らかくなってシワ予防に

ガス

[ほぼシワなく乾く]

パワフルな温風で乾燥させるので、繊維が根元から立ち上がってふっくら仕上がる。そのまま、アイロンなしでも

家に乾燥機が……なければ

[ハンガーに干す]

小物以外はハンガーに掛けて干す。垂れ下がってできるシワや洗濯バサミの跡が残るピンチは使わない

[たたんでから干す]

洗濯機から出したら、しまう時と同じようにたたんで重ねる。その状態で干し場に持って行ってから干すと、水分の重さでシワがだいぶ伸びている

／これで基本的にアイロン不要！＼

着たければ

シワになる服を……

家で

スチーマーを使う

ビシッとプレスはできないが、ふんわりすんなりシワが取れる。アイロン台も不要で、ハンガーに掛けたままでも使える

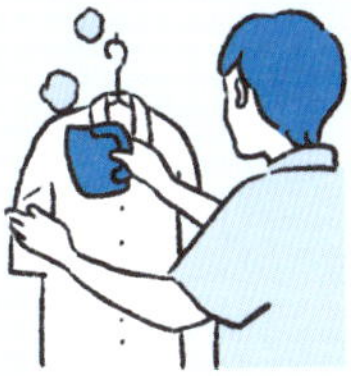

外注

クリーニングやコインランドリーへ

洗濯からアイロンまでプロの手を借りる。コストはかかるが、それを見込んでも価値のある服はこれが最適

着なくてよければ

シワになる服を……

アイロンなしでもシワになりにくい素材を選ぶ

形状記憶素材

ハンカチ代わりに
タオルや手ぬぐい

／これで基本的にアイロン不要！＼

それでも
やっぱり家で
アイロンが
必要なら

各自が
かけましょう

衣替えで死にたくない……

来シーズンまでプロに任せてさようなら

つかえるセリフ
「しまう場所も片付ける時間もゼロになる！」

衣替えって、口で言うほど簡単じゃありません。しまう前にはシミや黄ばみをチェックして、洗濯、乾燥、虫食いやカビ予防も必要です。夏は汗ジミをよく確認して濃くならないよう対策したり、冬は冬で、ウールなどおしゃれ着洗いが必要な素材も多く、神経を使う行事です。

そこで最近人気なのが、**翌シーズンまで衣類を預かってくれるクリーニングサービス**。保管だけでなく、**洗濯から一括してお願いできる**ので便利です。袋に詰め放題で一律料金だったり、返品時期を指定できる、布団も丸洗いから依頼できる等、サービス内容もさまざま。送料や容量などいくつか比較し、活用してみてはどうでしょう。**丸1日、いや2週に渡って拘束されるような大きな家事から解放されますよ。**

ふとん干しも、ひとりで全部は重労働

綿のふとんを卒業する

つかえるセリフ
「湿気が気にならない寝具に変えない？」

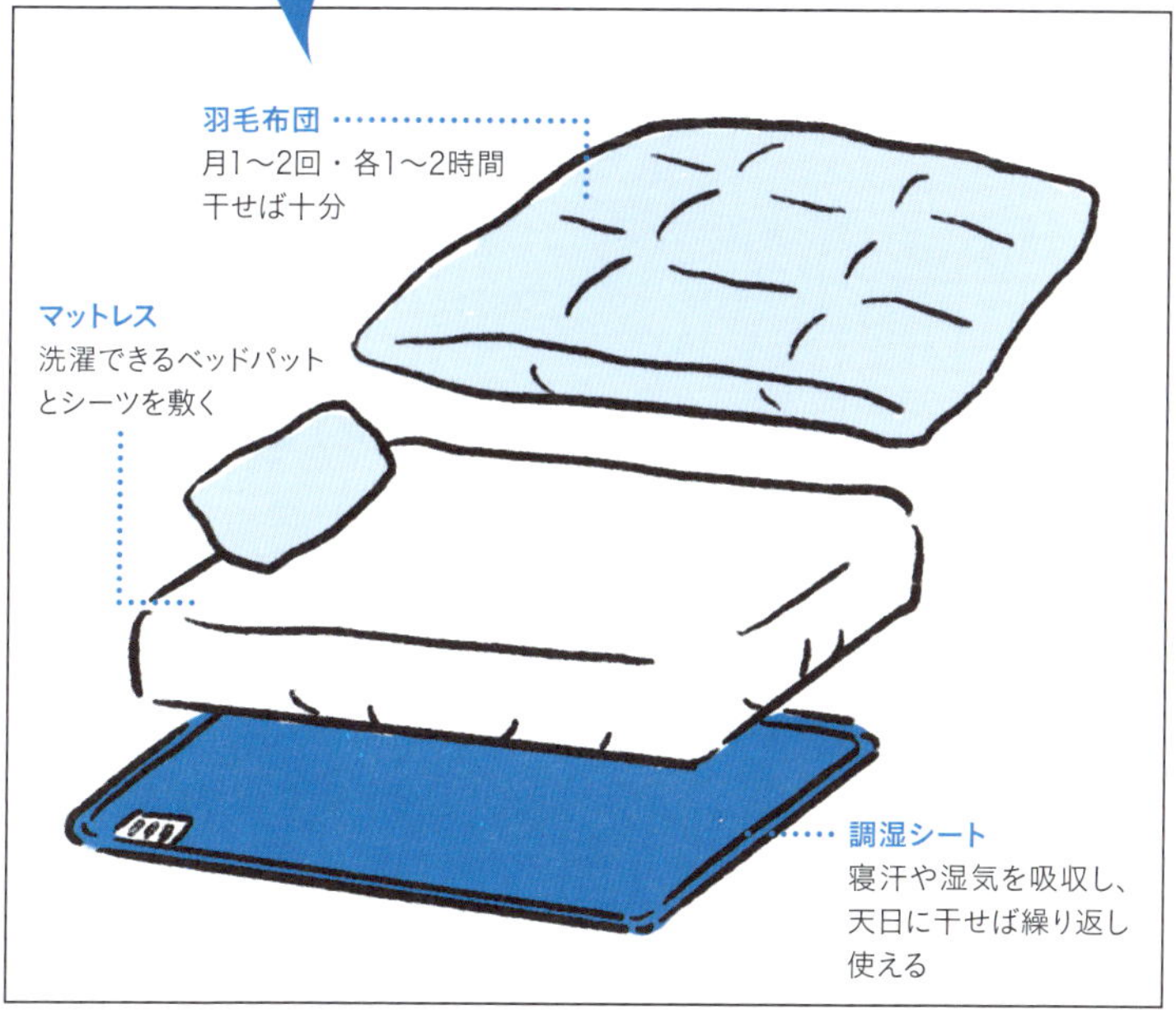
羽毛布団
月1～2回・各1～2時間
干せば十分
マットレス
洗濯できるベッドパット
とシーツを敷く
調湿シート
寝汗や湿気を吸収し、
天日に干せば繰り返し
使える

布団の外干しが難しければ、綿の布団をやめて布団干しから卒業しませんか？

いちばん簡単な方法は、敷き布団をベッドに変えること。マットレスの上のベッドパッドとシーツは丸洗いできるし、掛け布団を羽毛にすると、月に1～2回、それも1～2時間干すだけで十分です。夏場は綿毛布。これも洗濯でき、快適です。

ベッドがイヤなら、**敷き布団の代わりにマットレスを使うという手も。**その場合は、**調湿シート**を下に敷いてからマットレスを置くと、湿気を吸い取ってくれます。時々立てかけるなどして湿気を逃がせれば理想的。綿布団ほど頻繁に干す必要はなくなります。

ちなみに、調湿シートは、ベッドのマットレスの下に敷いても効果的。布団乾燥機より場所もとらず、日々の除湿をしてくれるのでポイントは高いように思います。

お薦めアイテム　洗濯編

GN過炭酸ナトリウム　除菌プラス ／LEC　P.166

ツンとしたニオイのないアルカリ性の漂白・除菌・消臭剤。衣類はもちろん、食器や洗濯機の洗濯槽まで、しつこい汚れやカビ、黒ずみを酸素の力でスッキリ除去。きれいにしたいもの全体をしっかりつけ置きするのがコツ。

500g・400円前後

除湿機「CD-P6319」／CORONA　P.174

20,000円前後

シンプルな機能のみながら除湿・衣類乾燥はしっかりできる。約2kg（乾燥重量）の洗濯物なら約130分で乾燥が目安。通常の室内除湿ならマンションで11～12畳に対応。余計なボタン等がないスリムなデザインも魅力。

洗濯代行「ポストウォッシュ」／POSTWASH　P.180

洗濯物をバッグに詰めて送ると、洗濯・乾燥・たたんで届けてくれる。抗菌効果が期待できる洗剤、ダニやアレルゲンを大幅除去できる高温乾燥も嬉しいところ。サイトから会員登録、専用バッグ購入、注文後、希望日に集荷、配送の流れ。

洗濯代行 ✦ ポストウォッシュ
POST WASH®

バッグM（Tシャツなら約45枚入るサイズ）900円、洗濯・配送料金は関東3,100円～（エリア別）

家事を助ける

衣類スチーマー／パナソニック　P.185

約24秒で立ち上げり、忙しい朝でもサッと使える衣類スチーマー。片手で持てる1kg弱という軽さで、ハンガーに掛けたままでもシワ取りがラク。強力なスチームで、汗臭・タバコ臭、飲食臭、防虫剤臭もパワフルに脱臭。

8,000円前後

せんたく便「保管パック」／株式会社ヨシハラ　P.186

集荷キット700円＋
保管5点パック7,538円～

クリーニングだけでなく、最大9カ月間保管してくれるサービス。料金は依頼する物の点数により、5～30点まで数コースあり。専用の集荷キットを注文後、それに詰めて送付する。送料、手数料、シミ抜きや再仕上げは無料。

調質シート「からっと寝」／西川リビング　P.188

シリカゲル入りの除湿マット。敷布団やベッドパッド下に敷くと、寝汗や湿気によるジメジメを吸収。付属のセンサーがブルー色からピンク色に変わったら干して乾燥を。繰り返し使えて、ふとん乾燥機も使用可能。

シングル 90×180cm
3,500円前後

第4章

情報共有のワンオペをなくす

私にも、家事以外の予定があるんだよ〜

スケジュールは家族だけでなく自分も発信

つかえるセリフ
「私、明日は3時から出かけますから宜しく」

家の中の情報は女性に集まりがち。家族のルーチンや出張の予定、学校や地域の行事も、妻（あるいはママ）に聞けばわかるという家は多いでしょう。ではその妻、母の予定を、家族は知っているでしょうか。

まわりには「家族は私のことになんかに興味がない」と言う人もいますが、そう決め込まず**自分の予定もシェアしてみませんか**。

保護者会やママ友とのランチ、義両親からの頼まれ事など、**家族に関わる予定はシェア必須**。自分たちのために動いてくれているんだな、と家族に伝わるだけでなく、「誰とごはん食べるの?」など会話が広がるきっかけにも。また家族全員スマホなら、LINEなどでその都度やりとりするより、先の予定まで把握しやすいグーグルカレンダーやTimeTreeなどのカレンダーアプリがお薦めです。

365日、いつも待機はできません

宅配便の受け取りシェアはレベル1

つかえるセリフ
「宅配ボックスさんにうけとってもらおう」

「宅配便がくるから受け取っておいてね」と頼んでおいたのに、帰宅したら不在票。テレビを見ていた、寝ていた、チャイムが聞こえなかったと言い訳はあれど、**不在票が入っていたら、結局私が受け取らなくちゃならないというのは困りもの。**

これには配送業者も各社サービスが充実してきました。コンビニや駅のロッカー、マンションの宅配ボックスなどを利用すれば比較的スムーズだし、玄関周りにスペースがあれば、**置き型の宅配ボックスを用意しても。**折り畳みできるものからハードな素材まで価格や安全性も様々ですが、設置することで再配達の呪縛からは免れるのは確かです。

また、受け取るタイミングを共有するのもいい手です。たとえば**皆が家にいる土曜の午前に集中**させれば、一人に集中することなく、分担できます。

ご近所付き合い、誰の家事？

家を守るのは
大人全員の家事

つかえるセリフ
「お隣さんから聞いたけど、こないだ空き巣があったって」

近所付き合いはなるべく避けたいという人が増えています。それでも最低限は必要だと思うのは、**近所の情報はテレビや新聞からは入ってこないから。**「最近空き巣が出た」など住民にとっては気になる話も、全国ニュースではないものです。

よく挨拶をする地域は泥棒が入りにくいともいいます。これは決して**女性だけの役割ではありません。**すれ違う時の会釈や「寒いですね」といった短い会話を通して地域に顔見知りが増えれば、不審者にも気づきやすく、**結果的に身を守ることになります。**

子どもがいればなおのこと。鍵を忘れた時に連絡をもらったり、病院やお稽古事の口コミ情報を交換したり。そうした近所とのやりとりを家庭内でシェアすれば、**家族の社交性を育てることにもつながります。**

節約にキリキリしてるの私だけ？

使うのも
出ていくのも
みんなのお金だよ

つかえるセリフ
「記帳はよろしくお願いします」

家賃やローン、食費や光熱費、子どもの塾代など、家計管理も大事な家事のひとつです。一人が一括管理する方法もありますが、家や車の購入、子どもの進学など、大きな出費に備える貯金と、そのお金を貯めるための生活費の動きは、ある程度共有したいもの。夫婦それぞれで収入が独立していても、家をまわしていくための収支については、同じくらいの責任をもつべきでしょう。

そのためには**口座をひとつ設定**し、そこに引き落としを集中させるのが簡単で効率的。各所の登録さえ済めば、入出金が一目瞭然で、家計簿も必要ありません。

夫婦で家計への関心や責任感に差がある場合は、**紙の通帳を作り、関心の低い人に記帳担当をお願いするのがお薦め**です。これでお金の動きが定期的に目に入り、家計への意識が根付きます。

私が倒れても、うちは大丈夫？

予期せぬ事態に
支え合うのも
家事のうち

つかえるセリフ
「置き場所だけは覚えておいて」

もしあなたが交通事故にあったら、家族は必要書類を揃えて病院に駆けつけることができますか？　あなたの留守中に子どもが急に熱を出したら、お医者さんに連れて行ける人は誰かいる？

誰かが体調を崩した時、その他の皆が連携して動けないとおちおち病気にもなれません。だから**健康に関する情報は、お互いに知っておくのが家族というチームのしごと**です。

保管場所を**共有しておきたいのは、①健康保険証　②診察券**。保険証は、大人の分も子どもの分もどこにあるか確認を。診察券は、とりあえずかかりつけ医に電話して、状況を判断するといった時にも便利です。また後からの作業にはなりますが、生命保険や傷害保険などの加入状況や連絡先もわかるようにしておくと、万が一の時慌てずにすみますね。

地震の時、家族の連絡に一苦労

緊急時の連絡先はお互い複数知っておく

つかえるセリフ
「とりあえず、お互い登録しとこう」

とっさの時、冷蔵庫に貼ってある連絡先を見ないと動けないのでは困りもの。帰宅せずに各所に連絡するには、**デジタル化して、共有・時々アップデートするのが正解**です。

大地震や水害などでまず必要なのは安否の確認。家族だけでなく、離れて暮らす親戚とも電話番号やSNSなど複数の**連絡手段を共有しておくことが重要**です。子どもがいる場合は、学校や保育園、学童、シッターさんなどの連絡先も夫婦でシェアしておきましょう。

充電環境によっては、バッテリー残量も気になります。分担してあちこちに連絡するためにも、**「連絡先の把握はママ（あるいはパパ）にお任せ」としないほうが安心**ですし、日頃から友人やママ友、パパ友、ご近所付き合いを夫婦で共有できていると、いざという時、状況を把握しやすく、大変心強いものです。

「なくなった〜」と、人ごとのような声がする……

みんなで使う物は
買うのもみんなで

つかえるセリフ

「毎月なくなるから定期便にしない？」

「名もなき家事」の代表選手が、消耗品の補充です。なくなりそうだと気づいた人が買うルールでは、気づかない者勝ちとでも言うのでしょうか、結局毎回気がつく人が買いに行くハメになりがちです。

解決案①は**買い物担当者を決めて分担すること**。その物にこだわりのある人が担当者になるとスムーズです。洗剤や水、牛乳も、こだわりなく（しかしせっかく）買ってきて文句を言われてはやりきれませんから。補充の頻度がある程度決まっている物は、**共有のカレンダーに書きこんでおくのも便利**。グーグルカレンダーなどオンラインツールなら、指定日にお知らせメールが届く設定もあり、買い忘れを防げます。

解決案②は**買い物の自動化**。生協やアマゾン、ロハコなどの定期便を利用すれば、必要な物が勝手に届くのでラクですね。

「鍵なくした」報告、今日もまた……

なくしやすいなら そもそも なくならない鍵に

つかえるセリフ
「物体の鍵をなくすのどう？」

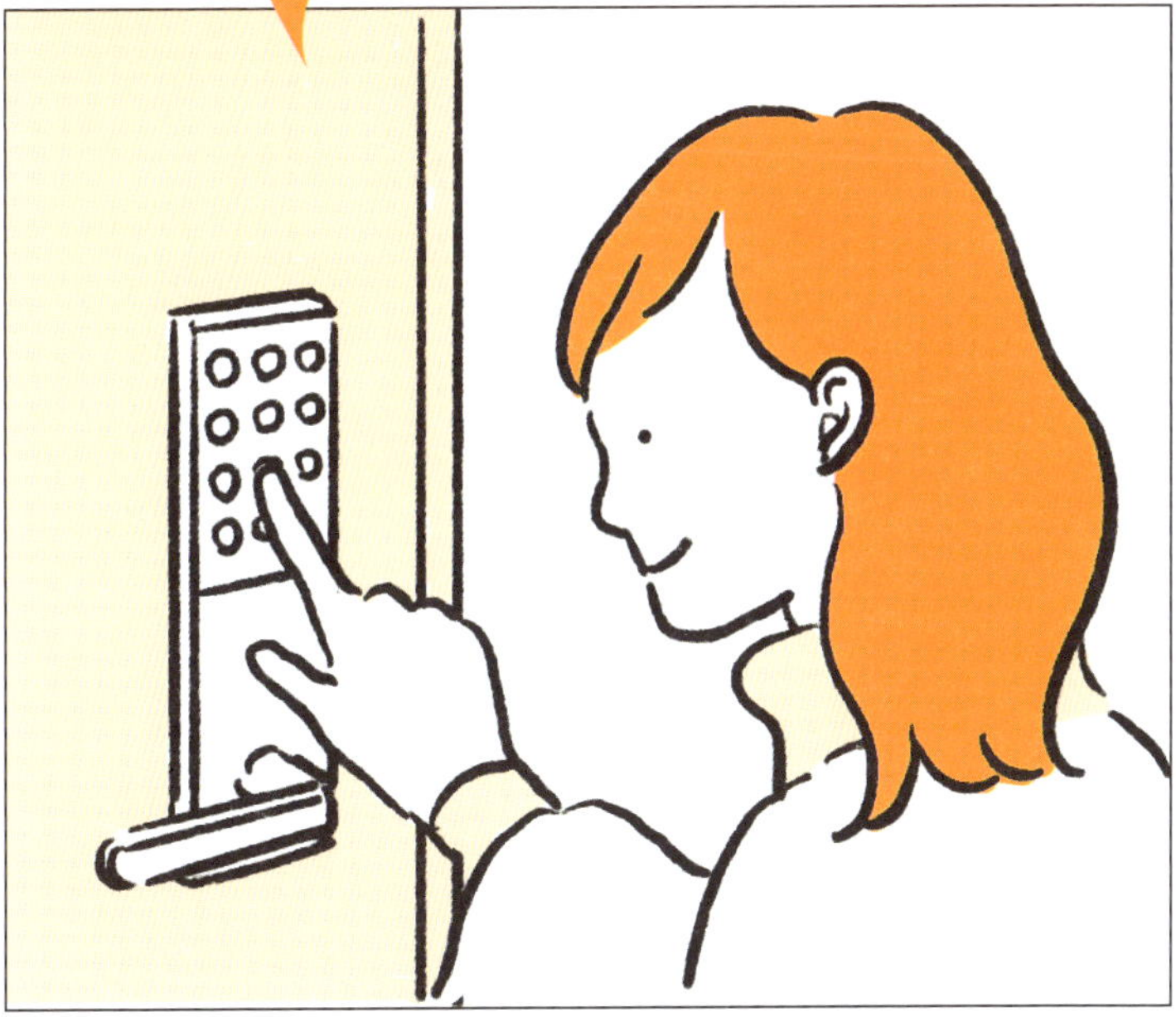

鍵をめぐるトラブル、いろいろありますね。持って出るのを忘れたり、かけるのを忘れたり、なくなったり。

まわりを見ていると、「鍵がなくて入れない」「帰ってきたらママがいない」と言いに来た近所の子のためにこちらが連絡する先は、ほぼお母さん。たとえ、鍵を忘れたのは子どもでも、お母さんはたいてい「ごめんね」と謝りながら大急ぎで帰ってきてくれます。

鍵問題は、突発的に起こるうえに、予定が狂ったりそのフォローをしたりとなにかと**面倒が多い**もの。これを解消するには、**キーそのものを自動化してしまうのが便利**です。テンキーやスマートロックなら鍵自体はいらなくなります。スマートロックなら、外出先からの施錠確認や解錠も可能に。わが家は共用の自転車にテンキーを導入し、ずいぶんラクになりました。

お薦めアイテム

情報共有
編

Time Tree《タイム ツリー》 P.194

シンプルで見やすいカレンダーアプリ。個人の予定管理はもちろん、チャット機能もついているので、急な変更や相談もでき、家族間の共有にも便利。Google カレンダーの反映できる。

10,000円前後

ハードタイプ宅配ボックス 1BOX タイプ／フォルディア P.196

30×40×50cmまでの荷物（米、ビール、オムツなどが目安）が入るハードタイプの置き型宅配ボックス。重量約10kgの金属製で安定感があり、南京錠と盗難防止ワイヤー（3m）付き。

宅配ボックス P-BOX／山善 P.196

30×40×50cmまでの荷物が入るソフトタイプの置き型宅配ボックス。南京錠と盗難防止ワイヤー（2m）付き。ハードタイプほどの頑丈さはないものの、不要な時はたたんでしまえる。

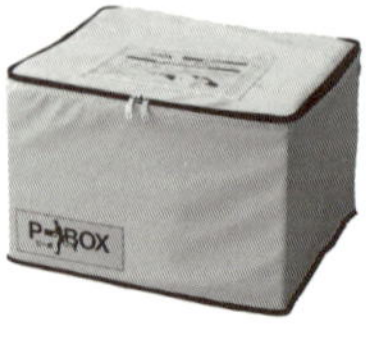

3,480円前後

家事を助ける

ロハコの定期便／LOHACO　P.206

サイト内「定期便対象商品」が注文可能。商品と配送サイクル（1～6カ月）を選べば手配完了。初回は最短翌日以降に届く。配送の3日前に予告メールが届くので、変更があればその時に。

2,000円前後

Vブレーキ用リング錠／GORIN　P.208

取り付け式の自転車用リング錠。ボタン式ロックなのでキーレスで施錠・開錠（番号は4ケタ固定）。「鍵なくした？」「どこやったっけ？」のストレスがなくなります。

キュリオスマートロック／Qrio　P.208

既存の玄関扉に付属の両面テープで貼り付けるだけのスマートキー。スマートフォンをかざさなくても、近づくだけで解錠。閉まればすぐ施錠するので閉め忘れの心配もありません。

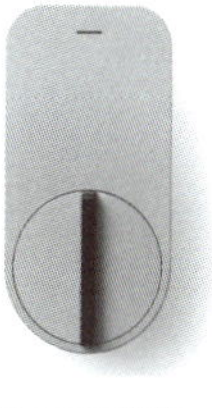

18,000円前後

佐光紀子 Sakoh Noriko

翻訳家、ナチュラルライフ研究家。1984年国際基督教大学卒業。繊維メーカーや証券会社で翻訳や調査に携わった後、フリーの翻訳者に。翻訳をきっかけに、重曹や酢などの自然素材を使った家事に目覚め、研究を始める。2002年に『キッチンの材料でおそうじする ナチュラル・クリーニング』（ブロンズ新社）を出版。以降、掃除講座や著作活動を展開。2016年上智大学大学院で日本の家事のあり方を研究（修士号取得）。近著は『「家事のしすぎ」が日本を滅ぼす』（光文社、2017年）。

https://www.kajishare.info

家事のワンオペ脱出術

2019年5月20日　初版第1刷発行

著者　佐光紀子
発行者　澤井聖一
発行所　株式会社エクスナレッジ
〒106-0032　東京都港区六本木7-2-26
http://www.xknowledge.co.jp/

【問い合わせ先】
編集　TEL:03-3403-1381　FAX:03-3403-1345
info@xknowledge.co.jp
販売　TEL:03-3403-1321　FAX:03-3403-1829